# Brigitte Harries
## Der Hundeexperte rät
## Mein Ökohund – Ein Knigge für Hund und Halter

## Buch

In Zeiten rigider Hundegesetze und negativer Presse über Hunde ist eine verantwortungs-bewusste Hundehaltung heute wichtiger denn je.

Brigitte Harries beschreibt einfühlsam und sachkundig, wie man es erreichen kann, dass man mit seinem vierbeinigen Gefährten fast überall gern gesehen ist.

Wer seinen Hund gut erzieht, ihn an vielfältige Umwelteindrücke gewöhnt und Rücksicht auf Mitmenschen und andere Hunde nimmt, wird auch den Hundeführerschein oder den Wesenstest mit seinem Hund bestehen.

Brigitte Harries geht auf die unterschiedlichen Erziehungsprobleme ein, die bei verschiedenen Hundetypen auftreten und je nach Hundetyp völlig andere erzieherische Maßnahmen erfordern. Die Auswahl der richtigen Hunderasse hilft, spätere Probleme zu vermeiden.

- Den richtige Welpen wählen
- Erziehung des distanzlosen Menschenfreundes
- Erziehung des Wächtertyps
- Erziehung des Jägertyps
- mit und ohne Leine unterwegs
- Begegnung mit Menschen
- stressfreie Hundebegegnungen
- wie Hund und Katz
- Begegnung mit Haustieren
- Öffentlichkeitsarbeit mit dem Hund
- Problem Hundekot

Mit 35 teils mehrteiligen Cartoons und einer Plakette von Jan P. Schniebel sowie 46 Fotos von der Autorin und Marco Grubenmann

Zu kaufen gibt es diese Plakette zwar nicht, aber vielleicht ist oder wird Ihr Hund ja so »umweltfreundlich«, dass er sie verdient hätte.

## Autorin

Brigitte Harries hat Verhaltensbiologie und Pädagogik studiert und wird schon ein Leben lang von Hunden begleitet.
Sie ist Expertin für Hundeverhalten und hat diverse Bücher über Hunde geschrieben, sowie jahrelang eine Kolumne in verschiedenen Hundezeitschriften verfasst, in der sie Hundehalter bei Problemen mit ihrem Hund beraten hat.

Außerdem besucht sie mit ihrem Hund Grundschulklassen, um den Kindern den richtigen Umgang mit Hunden zu vermitteln und sie hilft Kindern mit übergroßer Angst vor Hunden.

## Illustrator

Jan P. Schniebel ist u.a. bekannt durch seine Rotfuchs-Comics. Er hat schon einige Projekte in Büchern und Zeitschriften zusammen mit Brigitte Harries verwirklicht.

# Der Hundeexperte rät

# Mein Ökohund

# Ein Knigge für Hund und Halter

## von
## Brigitte Harries

ISBN 978-3-73473-498-4

Books on Demand

ISBN 978-3-73473-498-4

**Herstellung und Verlag:**

BoD - Books on Demand, Norderstedt

**Umschlaggestaltung und Layout**

Cathrin Geissler

**Umschlagsfoto und sonstige Fotos**

Brigitte Harries

Marco Grubenmann (Abb. 26)

Die Fotos dürfen nicht ohne Genehmigung der Fotografen verwendet oder kopiert werden.

**Illustrationen:**

Jan P. Schniebel

Die Illustrationen dürfen nicht ohne Genehmigung des Zeichners verwendet oder kopiert werden.

**Hamburg, 2015**

# Inhalt

# Einleitung

## Worum es nicht geht

Im Leben mit Ihrem Hund gibt es sehr private Dinge, die nur Sie, Ihre Familie und Ihren Hund etwas angehen. Es ist zum Beispiel Ihre ganz persönliche Entscheidung, ob Sie mit Ihrem Hund ‚Tisch und Bett‘ teilen. Ein Recht mitzureden haben dabei nur die, die in den Genuss – oder die Verlegenheit – kommen, ebenfalls in Ihr Bett zu krabbeln, bzw. von Ihrem Teller zu essen.

**Abb. 1: Gemeinsames Frühstück - ganz privat.**

Allen anderen sollte es völlig egal sein, wenn Sie – aus welchen Gründen auch immer – Ihrem Hund im Umgang mit Ihnen einiges erlauben, was andere falsch oder sogar abstoßend finden. Wenn Sie persönlich Freude daran haben und auch Ihr Hund es gut findet, sollten Sie kein schlechtes Gewissen entwickeln. Die Reihe dieser Beispiele lässt sich beliebig verlängern: Wenn Sie Ihrem Hund bei Tisch gern etwas geben und es verstehen, das Richtige für ihn auszuwählen, nimmt er keinen Schaden, und Sie schaffen es vielleicht trotzdem, einigermaßen in Ruhe zu essen. Auf alle Fälle empfinden Sie das gute Gefühl, dass Ihr Hund an Ihrem Genuss teilhat.

Es ist ebenso Ihre Entscheidung, Ihren Hund aufs Sofa und die Sessel zu lassen.

**Abb. 2: Dornröschen fasziniert ...**

**Abb. 3: … und verliert doch gegen ihn.**

Es ist dann Ihr persönliches Problem, wenn Ihr Hund mit dem besten Gewissen der Welt auch dann seinen Lieblingssessel aufsucht, wenn er kurz vorher in Pfützen geplanscht und sich in Erde ‚paniert' hat, oder um seinen Knochen gerade dort weiterzuverarbeiten, nachdem er ihn 14 Tage in gesunder schwarzer Gartenerde hat ‚reifen' lassen, wobei unzählige dicke, weißliche Maden eifrig mitgewirkt haben, die nun beunruhigt herumkrabbeln …

---

**Wer hat das Sagen?**

Solange Sie Teamchef(in) in Ihrem gemischten Hund-Mensch-Rudel bleiben und Ihr Hund zu Hause Freiheiten genießt, die Sie ihm bereitwillig eingeräumt haben, wird er auch akzeptieren, dass außerhalb Ihrer eigenen vier Wände andere Regeln herrschen, an die er sich halten muss. Hat er sich allerdings nach und nach mehr Freiheiten selbst genommen, weil er Sie besser im Griff hat als Sie ihn, dann könnte seine Karriere als problematischer Hund vorbestimmt sein.

Sie merken, bei diesen ‚Vereinbarungen' zwischen Ihnen und Ihrem Hund im Privatbereich löffeln Sie ganz persönlich das aus – oder genießen es –, was Sie sich eingebrockt haben.

Sie machen die Erfahrung, dass Ihr Hund nachts nicht durchgehend ruhig schläft, sondern auch pupst, im Traum ‚läuft' und fiept, sich des Öfteren dreht und wendet, vielleicht schnarcht, auch schon mal aufsteht, um sich am Ohr zu kratzen und sich anschließend zu schütteln. Möglicherweise hat er auch noch sprunggewaltige Untermieter, die nachts ihren Blutdurst an Ihnen stillen, weil Sie besser schmecken als Ihr Hund. Von Problemen bei nächtlichen Partnerinitiativen ganz zu schweigen… Und doch gehören Sie möglicherweise zu der Mehrheit der Hundebesitzer, die all das auf sich nehmen, weil Sie ihren Hund gern neben sich spüren.

**Abb. 4:**
**Auch, dass Kummer anrührend selbstverständlich geteilt wird, ist Privatsache.**

# Worum es geht

Dieser Exkurs in die Privatsphäre von Mensch und Hund zeigt, dass es vieles gibt, was weit davon entfernt ist, ein öffentliches Problem zu sein. Unser jahrtausendelanger Begleiter wäre nicht seit Jahren verstärkt im Blickpunkt der Öffentlichkeit, wenn es nicht auch den ‚öffentlichen Hund' geben würde. Dieser öffentliche Hund gerät mehr und mehr in die Kritik. Über 20 % der Deutschen meinen, Angst vor Hunden haben zu müssen, sogar 80 % fühlen sich durch freilaufende Hunde gestört.

Bei vielen Menschen, oft auch bei Haltern kleiner Hunde, hat sich schon ein regelrechtes Feindbild entwickelt. In den Fokus der reißerischen Berichterstattung gezerrte Beißunfälle tun das ihrige. Diese zunehmende Ablehnung beheben wir Hundehalter nicht, indem wir mit der Arroganz des Besserwissers die anderen belächeln und mit unseren oft recht großen Hunden selbstbewusst umherwandern und deutlich zu verstehen geben:

*Mein Hund ist o.k., er tut nichts. Wenn ihr Angst vor ihm habt, habt ihr selber schuld. Und wenn er Euch doch mal beißt, habt ihr auch selber schuld. Warum verhaltet ihr euch so falsch!*

Solches Verhalten geht nicht auf Konto des Hundes, hier entsteht der Konflikt am anderen Ende der Leine.

Es ist einfach schlimm, wenn so ein ungestümer ‚Der-tut-nichts' ungehindert fremde Menschen anspringt, abschlabbert, anbellt, Kinder vor lauter Zuneigung umkippt und erschreckt und hinter allen möglichen rennenden Objekten herjagt. Es stimmt zwar meistens – leider nicht immer –, dass so ein unerzogener Bursche wirklich ein verspielter, neugieriger ‚Der-tut-nichts' ist. Dass sein Besitzer das aber nur aus der Ferne beteuert, ansonsten aber nichts tut, ist eine häufige Ursache öffentlichen Ärgernisses. Wir können in unserer denaturierten Umwelt unseren Hund nicht mehr einfach Hund sein lassen!

Es ist an uns, den Hundehaltern, ganz schnell zu lernen, unsere Hunde so zu beeinflussen und unter Kontrolle zu halten, dass sich ein möglichst großes Maß an artgerechter Entfaltung mit möglichst geringer Belästigung oder gar Gefährdung der Umwelt erreichen lässt. Zum friedlichen Miteinander werden wir aber nur gelangen, wenn wir selbst die Bereitschaft haben oder entwickeln, die Bedürfnisse unserer Mitmenschen und ‚Mittiere' zu sehen, zu achten und darauf Rücksicht zu nehmen. Alle Beispiele in diesem Buch zeigen typisches Hunde- und Menschenverhalten in Konfliktsituationen.

Die anschließenden Tipps sollen helfen, diese Situationen zu entschärfen oder von vornherein zu vermeiden. Nur so wird es möglich sein, die verhärteten Fronten aufzuweichen.

# Der Hund fürs Image

Auch ohne Führungsqualitäten kann jeder Mensch sich von heute auf morgen zum Chef machen: Er muss sich nur einen Hund zulegen.

Denn zum Wesen des Rudeltieres Hund gehört seine Bereitschaft zur Unterwürfigkeit. Wahrscheinlich ist es gar nicht selten die Hoffnung auf den Zugewinn an eigener Stärke und Macht, die selbst völlig hundeunerfahrene Menschen zu einem starken Hund greifen lässt. Mit dem kann man plötzlich was darstellen; man ist wer. Diese Hundehalter ziehen Rüden vor, weil sie das imposantere Erscheinungsbild haben, und weil zudem Rüden, also ‚Männer‘, nun einmal eher für Stärke und Kampfbereitschaft stehen als ‚Frauen‘.
Wenn diese neuen Chefs dann noch ihr Imponiergehabe auf die Spitze treiben und den Hund scharf machen oder machen lassen, um cool mit scharfer Waffe durch die Gegend laufen zu können, ist das Unheil vorprogrammiert.

Starker Hund, schwache Hundekenntnis, dazu noch Zuchtauswahl und Erziehung auf Aggressionen hin – mit diesen Zutaten ist die ‚Bestie Hund‘ leider schnell geschaffen.

Jeden Hund, den man von Kindheit an in die gefährliche Irre leitet, kann man missbrauchen. Auf Gewissen und Moral als Gegengewicht zu skrupelloser Scharfmacherei kann man beim Hund nicht hoffen. Unser ergebener vierbeiniger Partner lässt fast alles mit sich machen, wenn es sein verantwortungsloser Mensch nur wirksam anstellt. Hunde, die Menschen und Hunde nie als Sozialpartner, sondern viel mehr als bedrohliche Feinde kennen gelernt haben, haben logischerweise auch keine Bedenken, sie zu beißen.
Allerdings bringen die einzelnen Hundetypen sehr unterschiedliche Körperkräfte und Wesensstrukturen mit und werden deshalb zu unterschiedlich gefährlichen Waffen. Selbstredend, dass ein bissiger Mops oder gar Chihuahua weniger Schaden anrichten kann als ein bissiger Dobermann oder Mastiff. Doch die Unfälle mit Pitbulls und ihren Verwandten zeigen, dass schon relativ kleine, kraftvolle Hunde Schreckliches anrichten können. Ohne Frage gibt es bei vielen hundert bestehenden Rassen immer noch genug Hunde, die man als effektive Waffen präparieren und einsetzen kann, wenn ‚bewährte‘ Waffen durch Hundeverordnungen verboten werden oder ihre Haltung enorm erschwert wird. Vom Hundebaby bis zum verdorbenen Beißer vergeht womöglich nur ein Jahr...

Alle Beißer in der Tierwelt sind so wenig Schuld an dem, was sie tun, wie das Bolzenschussgerät, mit dem Schlachttieren in den Kopf geschossen wird. Der Verantwortliche ist der Mensch als Chef und damit Befehlsgeber des Hundes. Es bleibt unverständlich, dass Verbrecher, die ihren Hund als Waffe benutzen, ungestraft davonkommen, weil bestehende Gesetze oft nicht konsequent angewendet werden. Aber auch an uns normalen Hundehalter ist es, ganz schnell zu lernen, unsere Hunde so zu beeinflussen und so unter Kontrolle zu halten, dass sich ein möglichst großes Maß an artgerechter Entfaltung mit möglichst geringer Belästigung oder gar Gefährdung der Umwelt erreichen lässt.

Zum friedlichen Miteinander werden wir nur gelangen, wenn wir selbst die Bereitschaft haben oder entwickeln, die Bedürfnisse unserer Mitmenschen und ‚Mittiere' zu sehen und Rücksicht auf sie zu nehmen.

---

**Rücksicht nehmen**

Die Achtung der Mitmenschen ist die wichtigste Voraussetzung für ein friedliches Miteinander. Nach den vielen bekannt gewordenen Beißunfällen der letzten Zeit ist es wichtig, dass Hundehalter die verständlichen Ängste und Aggressionen von Menschen aushalten lernen, ohne selbst mit Gegenaggressionen zu antworten. Verständnis und Gespräche sind der Weg zum vertrauensvollen Miteinander. Gegen diejenigen Hundehalter, die wegen ihrer Waffe Hund gefürchtet werden **wollen**, sollten die schon lange bestehenden Gesetze konsequent angewendet werden.

---

# Der ‚öffentliche' Hund in Person

Wenn Sie mit Ihrem Hund in friedlicher Gemeinschaft mit der Umwelt leben wollen, muss er im Wesentlichen ‚nur' drei Bedingungen erfüllen:

- Er muss freundlich oder neutral zu Menschen sein und keinen belästigen oder gar gefährden.

- Er muss mit anderen Hunden gut auskommen oder sich gar nicht um sie kümmern.

- Er muss andere Tierarten in Ruhe lassen.

Das klingt so einfach, aber kaum ein Hund erfüllt alle drei Bedingungen ohne artgerechte, fördernde ‚Welpenstube', ohne eine enge, beständige Partnerschaft zu seinen (m) Menschen, ohne ein ausgefülltes Hundeleben und eine konsequente, liebevolle Erziehung.

In den folgenden Kapiteln können sich die Tipps leider nicht mehr auf *das* typische Verhalten der Hunde beziehen; das gibt es schon lange nicht mehr!

Während alle Hunde noch recht ähnlich ihre Geschäfte verrichten, weil hier der Mensch züchterisch nie lenkend eingegriffen hat, sind sie ansonsten innerlich und äußerlich immer unähnlicher geworden.

HUNDE FÜR ALLE FÄLLE

Apportierhund

Dachshund

Bulldoggenartiger

Hütehund

Windhund

Diensthund

Gesellschaftshund

Die verschiedenen Hunderassen sind im Laufe der Jahrzehnte, oft sogar Jahrhunderte, durch intensive Zuchtwahl jeweils für bestimmte Eigenschaften Spezialisten geworden. Jede Rasse wurde vom Menschen in ihrem Äußeren und in ihrem Verhalten so geformt, wie er sie haben wollte – zumindest hat er das versucht:

Der **Apportierhund** schleppt nimmermüde seinem Besitzer alles heran, was sich nur heranschleppen lässt.

Der **Dachshund** hat nicht nur die röhrengeeignete Figur, sondern auch den ausgeprägten Trieb, in jedes Erdloch einzufahren, und steckt deshalb schon mal in einem Sielrohr fest.

Die **Windhunde** rennen hinter jedem schnell beweglichen Objekt her – und sei es auch nur ein alter Lappen auf der Rennbahn.

Die Hütehunde spalten sich in sehr unterschiedliche Spezialisten auf:

Die **Herdentreibhunde** dirigieren ihre Schafe oder Rinder und sind fanatisch eifrig darauf aus ‚ihren Besitz‘ zusammenzuhalten. Dabei zwicken sie ihre Schutzbefohlenen schon auch mal in die Hacken oder in die Nase.

Die **Herdenschutzhunde** verbrüdern sich sozusagen mit ihren Herden und verteidigen sie gegen den Rest der Welt.

Die **Bulldoggenartigen** halten mit viel Kraft und Ausdauer fest, was sie einmal in ihrer breiten Schnauze zwischen den Zähnen haben; dabei muss es nicht der Stier oder Gladiator von anno dazumal sein, ein Stock oder Ball tut es auch.

Die **Diensthunderassen** bringen durchweg eine große Lernbereitschaft, einen ausgeprägten Spieltrieb und die Bereitschaft zum Zupacken mit, die leicht in gefährliche Bahnen gelenkt werden kann.

Die in Amerika sehr treffend als ‚**Gesellschaftshunde**‘ bezeichneten Hunderassen haben schon lange nur die eine Aufgabe zu erfüllen: Sich im engen Zusammenleben mit ihren Menschen zu bewähren. Ihre Qualitäten als Familienmitglieder waren gefragt und wurden gefördert. Urinstinkte ihrer Wolfsahnen wie Jagdtrieb, Revierverteidigung oder Misstrauen treten bei ihnen oft in den Hintergrund.

So sind nach und nach ‚Hunde für alle Fälle‘ entstanden. Man muss sich nur noch das passende Modell für seine Bedürfnisse aussuchen. Leider interessiert aber viele Menschen in erster Linie nur das ‚Outfit‘ ihres Hundes.

Der Hund unterliegt schnell wechselnden Modetrends. Auch die Werbung hilft eifrig mit, neue Modehunde zu kreieren.

All diese unterschiedlichen Vertreter der Art Hund haben wir bedenkenlos in unsere Städte geholt. Wir Hundehalter hatten keine Skrupel, den Hirtenhund von seiner Herde, von seinem ‚Job' weg, in unsere Wohnung zu holen, ebenso wie den eifrigen Jagdgehilfen mit seiner Spezialbegabung. Wir haben keine Bedenken, die Windhunde durch Großstadtstraßen oder Parks trotten zu lassen. Wir lassen die dickfelligen Überlebenskünstler aus Kälte und Eis, die Schlittenhunde, in unseren zentralbeheizten Behausungen schwitzen.

Und wir erwarten von diesen leistungsstarken Spezialisten, dass sie zufrieden mit uns leben, problemlos mit den veränderten Lebensbedingungen klarkommen und all die Eigenschaften ‚vergessen', die nicht mehr gewünscht sind.

Aber so einfach funktioniert das leider nicht: Der Hetztrieb, oft gekoppelt an den Beute- und Spieltrieb, ist nicht einfach weg, wenn wir ihn nicht mehr brauchen können. Deshalb rennen so viele Hunde hinter Joggern, Kindern, Radfahrern, Pferden, Kaninchen, Katzen oder selbst einem Blatt im Wind her.

Andere Hunde sind so apportiersüchtig, dass sie keinen Ball o.ä. in Bewegung sehen können, ohne ihn sich sofort zu organisieren und ihrem Menschen zu bringen, auch wenn sie dadurch das wichtigste Fußballspiel stören oder Kinder erschrecken.

Wieder andere Rassen sind von so plump vertraulicher Menschenfreundlichkeit und begrüßen auch Fremde so überschwänglich, dass denen Angst und Bange wird.

Es gibt die geborenen Wächter, die nimmermüde Haus und Garten, Wohnung und Auto bewachen und verteidigen. Und wenn sie widerwillig Freunde der Familie hereinlassen, ist noch lange nicht sicher, dass sie diesen Besuch auch ‚ungebissen' wieder von dannen ziehen lassen. Solche Aufpasser drehen oft bei Dunkelheit erst richtig auf und stufen dann womöglich sogar die eigenen Leute als Feinde ein.

Andere wiederum würden einem Einbrecher, der freundlich zu ihnen ist, bereitwillig ihr Quietsche-Spielzeug heranschleppen und ihn zu einer Spielrunde auffordern.

**Abb. 5: Im Spiel ist auch der Chef mal unten.**

Es gibt Hunde, die können keiner Pfütze und schon gar keinem Teich widerstehen. Sie schütteln sich anschließend in naiver hündischer Art auch direkt neben dem elegantesten Sonntagsspaziergänger.

**Abb. 6:**
**‚Matschstiefel' hindern den distanzlosen Menschenfreund nicht daran, an seinem Gegenüber zur Begrüßung hochzuspringen.**

Andere wieder setzen freiwillig keine Pfote ins Wasser, obwohl sie nie schlechte Erfahrungen gemacht haben und täglich ihre schwimmenden ‚Mithunde' erleben.

Es gibt verfressene Rassen und wahre Asketen; es gibt Rassen mit sehr ausgeprägtem Sexualtrieb und weniger lüsterne; es gibt Phlegmatiker und rastlose Quirle; es gibt alberne und ernsthafte Hunde; es gibt kluge und dumme; es gibt robuste Rassen und krankheitsanfällige, langlebige und kurzlebige; es gibt rauflustige, motzige Hunde und ausgesprochen friedliche mit sehr hoher Reizschwelle.

All diese Verhaltensweisen sind bei Rassehunden weitgehend vorhersehbar. Sie können aber durch frühkindliche Prägung und durch Erziehung verstärkt oder abgemildert und – hoffentlich – in die gewünschten Bahnen gelenkt werden.

Beim Mischling können Sie sich oft nur am Verhalten der Mutter und dem der Welpen orientieren, weil so mancher Erzeuger sich schnell aus dem Staub gemacht hat ... Bei Hundekindern ist es nicht anders als bei Menschenkindern: Welche Eigenschaften sie von jedem Elternteil geerbt haben, merkt man erst im Laufe der Jahre. Unser Ziel muss sein, unseren Hund – welches Verhaltenskonzept er auch mitbringt – so zu erziehen, dass er Menschen, Hunde und andere Tiere seiner Umwelt nicht beunruhigt, belästigt oder gar gefährdet. Das Ideale ist natürlich, wenn Ihr Hund viele der von Ihnen gewünschten Eigenschaften von sich aus zeigt, weil sie in seinem Erbgut angelegt und in der Welpenzeit beim Züchter gefördert worden sind.

---

**Erwünschtes Verhalten**

Erwünschtes Verhalten, das der Hund aus **eigenem** Bedürfnis zeigt, ist erwünschtem Verhalten durch Erziehung überlegen, weil es dann keine ‚Ausrutscher' aufgrund eines plötzlichen Ungehorsams gibt.

---

Zum Beispiel hat man es in einer waldreichen Gegend viel leichter, wenn der Hund sich nicht für Wild interessiert, als wenn man alle Register der Erziehungskunst ziehen muss, um ihn am Jagen zu hindern.

Möchte man, dass ein dazukommender Welpe mit den Katzen der Familie friedlich zusammenlebt, hat man es viel leichter, wenn er der ersten Katze seines Lebens interessiert und freundlich gegenübertritt und sich nicht gleich wie ein ‚Verrückter' auf sie stürzt.

Wenn ein Welpe zu Ihnen kommt, beobachten Sie genau, welche Verhaltensweisen er von sich aus zeigt, bevor Sie anfangen, an ihm herum zu erziehen!

Bei der Erziehung zum ‚umweltverträglichen Mithund' sollen die folgenden Tipps eine Hilfe sein. Sie müssen allerdings die heraussuchen, die für Ihren Hund hilfreich sein können. Wenn er z.B. ein zurückhaltender, ernster Typ ist, muss er diejenigen Verhaltensweisen nicht lernen, die für einen distanzlosen, albernen Grobian unbedingt ins Lernprogramm gehören.

Wenn Sie sich Ihren Idealhund erst zulegen wollen, dann erkundigen Sie sich rechtzeitig, welche Verhaltensweisen für Hunde der favorisierten Rassen typisch sind. Mehr als das Outfit Ihres Hundes wird sein rassetypisches Verhalten dazu beitragen, wie gut Sie mit ihm in Ihrer Umwelt zurechtkommen. Am meisten werden Sie erfahren, wenn Sie mehrmals mit verschiedenen Besitzern und ihren Hunden spazieren gehen und selbst Ihre Beobachtungen machen. Eine weitere Hilfe ist es, den Hund zu Hause zu erleben. Er zeigt dort häufig ein ganz anderes Verhalten. Rassebeschreibungen lesen sich gut, es handelt sich aber in den meisten Fällen um eine Laudatio auf die betreffende Rasse. Über rassetypische Nachteile erfährt man oft nur wenig.

Wenn Sie als Ziel den ‚umweltschonenden' Hund haben, sehen Sie sich vor dem Kauf unbedingt das Elternhaus des Welpen an! Entscheidend für sein späteres Verhalten ist, neben seinen Erbanlagen, eine enge, persönliche Beziehung an die Züchter und ein freundliches, zuverlässiges Verhalten der Mutterhündin, die aber natürlich ihre Babys sehr genau im Auge behalten darf, wenn Sie zu Besuch sind.

---

**Wichtige Prägung**

Klären Sie unbedingt, ob die Welpen während der so entscheidend wichtigen 8 bis 10 Lebenswochen all die prägenden Umwelterfahrungen machen konnten, die die Kerlchen für ihr ganzes weiteres Leben brauchen. Verlassen Sie sich dabei mehr auf Ihre eigenen Beobachtungen als auf die Versicherungen der Züchter.

---

Wenn möglich, sollte man auch den Vaterrüden in seinem Verhalten beobachten. Ein Starfoto von ihm sagt nicht das Geringste über sein Wesen aus. Hinter der schönen Fassade kann ein verhaltensgestörter Charakter stecken. Und nicht nur bei Menschen gibt es äußere und innere Ähnlichkeiten zwischen Eltern und ihren Kindern!

Übrigens, Ihr Hund weiß nicht, wie er aussieht. Für sein Ansehen in der Hundewelt ist in erster Linie sein Auftreten wichtig.

Suchen Sie sich einen Welpen aus, der gut mit seinen Geschwistern auskommt und Ihnen neugierig und kontaktbereit entgegenkommt. Ein selbstsicherer, menschenbezogener Welpe mit normalem Sozialverhalten Mutter und Geschwistern gegenüber bringt beste Voraussetzungen mit, um einmal ein problemloser ‚Ökohund' zu werden. Das Wesen und die Gesundheit Ihres Welpen sind viel wichtiger als exakte rassetypische Fellfarben, ideale Ohrenhaltung und andere Äußerlichkeiten.

---

**Beste Voraussetzungen**

Ein vertrauensvoller, menschenbezogener Welpe aus guter Kinderstube mit normalem Sozialverhalten Mutter und Geschwistern gegenüber, der von seiner Abstammung her ein freundlicher, heiterer Typ ist, bringt die besten Voraussetzungen mit, um einmal ein problemloser, umweltverträglicher Hund zu werden – gleichgültig ob Mischling oder Rassehund.

# Frühe Gewöhnung an Umwelteindrücke

## Beim Züchter

Für einen Welpen sind die ersten Lebensmonate so entscheidend wichtig wie für ein Menschenkind die ersten Lebensjahre. Schon mit sechs Monaten befinden sich die Welpen in der Pubertät - einer Phase der Unsicherheit und Verselbstständigung, während der die Erziehung schwierig wird.

Die ersten acht Wochen trägt der Züchter zusammen mit der Mutterhündin die Verantwortung. Für den Säugling ist es prägend fürs Leben, wie gut er von seiner Mutter versorgt und angeleitet wird und welche Entfaltungsmöglichkeiten und Menschenerfahrungen der Züchter ihm bietet. Schon mit etwa drei Wochen hat der unbeholfene Welpe das Bedürfnis, seine Wurfkiste zu verlassen und die nähere Umgebung zu erkunden. Von da an braucht er eine Umwelt, in der er lernen kann. Den Geruch, die Stimme und die Berührungen von Hundemutter und Züchterfamilie erfährt er natürlich schon von Anfang an!

Nichts ist geist- und seelentötender als ein Umfeld, in dem es nichts zu erforschen gibt, weil da nur Sägespäne und vier hohe Wände sind.

Das Hundekind erforscht seine Umwelt mit allen Sinnen. Wie das Menschenkind begreift auch der Welpe besonders gut, was er einmal in den Mund genommen hat. Er kaut und knabbert deshalb an allem herum. Die kleine Nase ist – anders als Augen und Ohren – schon von Geburt an aktiv. Zunächst erschnuppert der Neugeborene damit die Zitzen der Mutter, später vermittelt sie ihm unendlich viele Infos:

Das Hundekind erschnuppert den Duft seiner Menschen, den Duft von Erde und Gras, von Kauknochen und Spielbällchen, vom Mittagessen, das in der Küche brutzelt oder auch von den Abgasen der Autos, die am Grundstück vorbeifahren. Er kann die Besucher erleben, die ins Haus kommen, und hoffentlich auch erste Erfahrungen mit kleinen Kindern machen.

Ab der fünften Woche gehört der Welpe zumindest stundenweise nach draußen in einen geräumigen, gesicherten Auslauf mit vielfältigen Angeboten, wie zum Beispiel Röhren zum Durchkriechen, kleine Stege zum Balancieren, Äste zum Drüberhüpfen, Spielzeug zum Umhertragen und für Beutespiele mit den Geschwistern, Erde zum

Buddeln, vielleicht ein flaches(!) Wasserbecken für erste Planschfreuden mit einem Brett als Steg darüber (bei kaltem Wetter nicht sinnvoll), ein paar Dosen, die scheppern, usw.

Auch bei Dunkelheit sollte der Welpe ab und zu nach draußen dürfen. Der ganz junge Welpe braucht schon Erfahrungen mit Sonne, Regen und Wind; ganz nebenbei hört er draußen Vögel und andere Hunde und viele andere Geräusche und wird so vertraut mit seiner Umwelt. Je besser er sie kennenlernt, ohne dass ihm dabei etwas passiert, um so sicherer fühlt er sich.

Ein guter Züchter hält sich viel im Aktionsbereich der Kleinen auf und redet und spielt mit ihnen. Dadurch wird der Mensch vom Welpen ganz selbstverständlich als Sozialpartner erfahren. Nur wenn der Welpe sich in seinem Zuhause geborgen fühlt, hat er die nötige Motivation, sich neugierig und freudig aufs Lernen zu konzentrieren und sich mit seiner Umwelt vertraut zu machen. Ideal ist es, wenn Kleinkinder und Katzen und andere Haustiere ab und zu in seine Kinderstube auftauchen, also sozusagen zum Rudel gehören.

---

**Wünschenswerte Kontrolle**
Es ist wichtig, dass jeder Züchter einen Sachkunde-Nachweis zu erbringen hat und dokumentieren muss, wie er seine Hunde hält und was aus ihnen wird.
Für alle Zuchthunde sollte das Bestehen eines standardisierten Wesenstests die wichtigste Voraussetzung sein. Und wenn man auch das Verbot von Massenzuchten und dem Handel mit Welpen ausländischer Massenproduzierer durchsetzen könnte, wäre viel erreicht.

# Beim Besitzer

Wenn jeder Käufer sich seiner Verantwortung bewusst wäre und darauf achten würde, nur einen Welpen – Rassehund oder Mischling – aus guter Kinderstube zu erwerben, bräuchten wir keine Gesetze gegen kommerzielle Massenzucht und Hundehandel.

Welpen, die in einer artgemäßen, guten ‚Welpenstube' aufwachsen, werden zwar vielleicht keine Weltsieger in Schönheitskonkurrenzen, sie werden aber mit großer Wahrscheinlichkeit kleine Welteroberer, die die Herausforderung Leben mit Selbstvertrauen aufnehmen. Sobald der Halter den Welpen übernommen hat, trägt er die Verantwortung. Er muss dem Kleinen in den nächsten Wochen all das vertraut machen, was in seinem Leben eine Rolle spielen wird: Brücken, Fahrstühle, laute Baustellen, Treppen. Möglichst bald sollte er mit ihm U-Bahn, Straßenbahn bzw. Bus fahren und ihn im Auto mitnehmen.

Die Fahrten sollten zunächst kurz sein und bei einem attraktiven Ziel enden. Denn das vierbeinige Familienmitglied soll ja lernen, sich auf solche gemeinsamen Unternehmungen zu freuen. Ein ideales Ziel ist die Freilaufzone, wo er die verschiedensten Hunde trifft.

Viele Hundehalter meinen, ihr Welpe dürfte dort erst hin, wenn er vollen Impfschutz hat, und halten ihn nach der Übernahme wochenlang ängstlich von anderen Hunden fern. Man sollte das kleine Risiko einer Infektion eingehen und dem Welpen täglich Hundekontakte ermöglichen und so verhindern, dass bei ihm eine entscheidende Entwicklungsphase ungenutzt vergeht. Man erzieht seinen Welpen unwillentlich zum ängstlichen Hund, wenn man ihn nach der Übernahme zu sehr abschottet und meint, ihn vor der hektischen, lauten Umwelt behüten zu müssen. Er muss sich in dieser Umwelt zurechtfinden und wohl fühlen, und das lernt er nie so leicht wie als junger Welpe bis zum Alter von etwa vier Monaten. In diesem Alter heftet er sich an unsere Hacken und ist geradezu lernbegierig.

Wenn wir ihm in diesem Alter Leute mit Regenschirm, Kinderwagen, Stock oder sonstigen Gehhilfen, Rollstuhlfahrer, Kinder mit Schlitten oder Ranzen und Inline-Skater zeigen und er merkt, dass das alles harmlose ‚Normalerscheinungen' sind, wird er als Jugendlicher durch ihr Auftauchen nicht mehr verunsichert werden und sie womöglich aus Angst heraus umkreisen, anbellen oder sogar anknurren oder an ihnen hochspringen.

---

**Früh übt sich**
Ungewöhnliche Gestalten, Geräusche und Bewegungen werden für den Hund schnell alltäglich und uninteressant, wenn er schon als Welpe damit vertraut gemacht wird. Einem guten Teamchef gelingt es, den Welpen und Junghund zu motivieren und ihm ausdrückliche Anerkennung für erbrachte Leistung zu zeigen.

---

# Unser Hund und fremde Menschen

## Der distanzlose Menschenfreund

An sich ist dieses uneingeschränkte Grundvertrauen in den Menschen eine gute Eigenschaft. Wer beißt schon jemanden, dem er vertrauensvoll entgegengeht? (Retriever und viele ,Rundköpfe' (Bulldoggenverwandte) sind typische Vertreter.)

Als Welpe geht dieser Hund bereits neugierig und ohne Scheu auf alle Menschen zu, die ihn interessieren - und das sind die meisten. Wenn der Kleine erst einmal Zwei-beiner entdeckt hat, die er beschnuppern und wahrscheinlich stürmisch begrüßen möchte, dann nützt es im Allgemeinen nichts mehr, ihn zu rufen. Entweder filtert sein Gehirn unser Rufen sofort wieder als ,unwichtige Information' weg, weil die Ent-gegenkommenden im Moment viel interessanter sind und seine volle Aufmerksamkeit beanspruchen, oder er registriert unser Rufen zwar und weiß wahrscheinlich auch schon, was wir von ihm wollen. Dennoch kommt er nicht zu uns, weil er die fremden Leute so toll findet, dass ihm das Lob, das ihn beim artigen Kommen erwarten würde, unwichtig ist.

Wenn er aus guten Gründen – wie er meint – nicht auf unser Rufen reagiert, sondern zielstrebig weiterläuft, um mit den Fremden Kontakt aufzunehmen, lernt er dabei leider etwas anderes: Er stellt mit Beruhigung fest, dass ihm nichts passiert, wenn er unser Rufen ignoriert. Sein kleiner schlauer Kopf wird sich merken: Meine Menschen rufen; ich mache trotzdem, was mir wichtig ist, und nichts Schlimmes passiert.

Deshalb rufen Sie den Kleinen gar nicht erst, wenn die Ablenkung so groß ist, dass er mit großer Wahrscheinlichkeit nicht zu Ihnen kommt! Sie erreichen sonst nur, dass Ihr Ruf als ein beruhigender Kontaktlaut aufgefasst wird, der ihm sagt: *„Mein Mensch ist in meiner Nähe. Ich muss nicht nach ihm sehen."*

Sie erreichen mit Rufen also genau das Gegenteil des Gewünschten: Sie bestärken den Kleinen bei seiner Unternehmung.

Wenn unser junger ,Allerweltshund' also neugierig lossaust, müssen wir hinterher, um möglichst zumindest kurz nach ihm bei den Fremden anzukommen. Wenn er noch klein und tapsig ist, empfangen diese ihn wahrscheinlich mit freudigem Entzücken. Er wird gestreichelt und das schlaue Kerlchen im lernfähigsten Alter registriert: Fremde begrüßen macht Spaß. Das mach´ ich wieder! Ihnen bleibt nur, begeisterte Passanten zu bitten, ihren kontaktfreudigen Welpen das nächste Mal abzuweisen oder zu ignorieren.

Sollten sich Passanten durch den jungen Wilden belästigt fühlen, entschuldigen Sie sich bitte und erzählen Sie von Ihren Erziehungsbemühungen.

Es hilft alles nichts, Sie müssen versuchen, schon jetzt dem schnuckeligen Welpen Grenzen deutlich zu machen. Bereits wenn er vier, fünf Monate alt ist, hat er, wenn er der Spross einer großen Rasse ist, eine beachtliche Größe und Kraft. Wenn er jetzt auf ein Kind losstürmt, an ihm hoch hüpft und den kleinen Menschen dabei umkippt, ist die Freude nur noch auf seiner Seite. Das Kind wird aus Angst quieken und zappeln. Ihr junger, aber gar nicht mehr so kleiner Hund wird diese Angstsignale gänzlich missverstehen, dem Kind das Gesicht lecken und begeistert herumhopsen, es am Ärmel ziehen und auffordernd bellen, weil er das Ganze für ein feines Spiel hält.

Gewiss, unser junger Hund soll sich möglichst natürlich entfalten dürfen, und er ist für das Kind keine große Gefahr, was körperliche Verletzungen betrifft, aber er ist möglicherweise eine ganz massive, schlimme Bedrohung für seine Seele, und das dürfen wir auf keinen Fall zulassen! Die seelische und körperliche Unversehrtheit der Mitmenschen hat unbedingten Vorrang. Wir müssen deshalb unseren Welpen von klein an so unter Kontrolle haben, dass so etwas nicht passiert.

Um nicht falsch verstanden zu werden:

Mit Kindern und Erwachsenen, die wir kennen und die das mögen, darf der junge Hund natürlich spielen und toben, solange es beiden Seiten gefällt. Aber hier geht es um den freilaufenden Hund und seinen Umgang mit fremden Menschen.

Was können Sie tun, wenn Ihnen auf dem Spaziergang Fremde begegnen? Wenn Sie bereits aus Erfahrung wissen, dass Ihr Welpe Kontakt aufnehmen möchte, müssen Sie rechtzeitig reagieren: Bevor er sich unaufhaltsam auf den Weg dorthin macht, müssen Sie ihm schon zuvorkommen. Wenn er ein begeisterter Spieler ist – und das sind diese Menschenfreunde in der Regel – haben Sie eine gute Chance: Lenken Sie ihn einfach ab, indem Sie ihn zum Mitspielen auffordern.

Wenn Sie zum Beispiel mit einem Spielzeug vor seiner Nase herumwedeln, wird er nicht widerstehen können, es festhalten und mit Ihnen um die Wette daran zerren. Dieses spannende Kräftemessen mit seinem Menschen lässt die Passanten für den Welpen uninteressant werden. Ein ziemlich sicherer Trick ist es auch, seinen Namen zu rufen, damit er neugierig zu Ihnen hinguckt, und dann wegzulaufen. Dieses Fangspiel wird er wahrscheinlich mitmachen. (Vielleicht auch vorwiegend aus der Befürchtung heraus, Sie könnten ihm wegkommen!) Sie können natürlich auch ganz auf Nummer Sicher gehen und ihn anleinen, bis die Versuchung vorüber ist. In dem Moment, wo Sie ihn an der Leine haben, können Sie ihm Ihre Wünsche leichter deutlich machen. Wenn er zu den Passanten hinstrebt, sagen Sie: „Basko, nein!" und ziehen ihn mit sich. Natürlich loben Sie ihn, wenn er mit Ihnen gekommen ist. Schließlich soll es ihm ja auch Spaß bringen, gehorsam zu sein, auch wenn er dadurch auf so viele andere Freuden verzichtet. Ein Leckerli kann Ihre Strategie unterstützen, sollte aber nicht zum ‚Allheilmittel' werden!

Anders gesagt: Beim Auftauchen von interessanten Passanten muss Ihr Action-Angebot spannender für Ihren Hund sein, als die nahenden Menschen.

Während man schüchternen, ‚fremdabweisenden' Hunden in ihrer Welpenzeit möglichst viele angenehme Begegnungen mit Fremden ermöglichen sollte, muss man bei allzu kontaktfreudigen gegensteuern. Eine Hilfe bei der Erziehung können Bekannte von uns sein, die der Welpe aber nicht kennt. Mit ihnen sollten wir Begegnungen arrangieren. Dabei sollten sie dann uninteressiert und abweisend auf die

Kontaktversuche des Welpen reagieren, ihn vielleicht sogar mit einem: *„Pfui, hau ab!"* wegschicken, so dass er sich – hoffentlich enttäuscht – wieder abwendet. Wenn wir ihn jetzt zu uns rufen, haben wir gute Aussichten, dass er kommt.

Viele Hundebesitzer tragen Hundekuchen als Belohnungshäppchen in Jacken- und Hosentaschen mit sich herum, Sie selbst tun es vielleicht auch. Sie sollten aber alle Fremden bitten, Ihren Hund nicht damit zu ‚ködern'. Da die Gruppe der Menschen-freunde durchweg sehr verfressen ist, wird Ihr Hund sonst schnell lernen, jeden Passanten auf seinen Tascheninhalt hin zu untersuchen, und er wird, wenn seine gute Nase ihm Beute signalisiert, derb betteln. Nun wird er zwar in der Regel nur bei Hundebesitzern fündig, aber kontrolliert werden eben auch völlig Außenstehende.

Und ein Hund, der gelernt hat, auf diese Art ‚Beute zu machen', wird auch ohne Hemmungen das Wurstbrötchen oder den Keks eines Kindes aus dessen Hand heraus erbeuten oder an fremdem Eis mitlecken...

Über eines müssen Sie sich im Klaren sein: Wenn Sie sich einen kontaktfreudigen Hund einer großen Rasse zulegen und ihn frei laufen lassen, werden Sie auch bei großer Voraussicht und gutem Willen mehr als einmal in die Situation kommen, dass Ihr Hund als Welpe oder Junghund Menschen belästigt, die mit Hunden nicht gern in Berührung kommen. Vielleicht haben sie schlechte Erfahrungen mit Hunden gemacht, oder sie mögen aus anderen Gründen keine Kontakte.

Vergessen Sie aus Verliebtheit zu Ihrem Hund bitte nie: Diese Mitmenschen haben ein Recht darauf, in Ruhe gelassen zu werden. *Sie* wollen auch nicht an allen Freuden und Hobbys Ihrer Mitmenschen teilhaben! Manch einer von Ihnen hat sicher gemischte Gefühle, wenn er sich vorstellt, dass ein Mitmensch, der Ratten mag, ihm seine harmlose, schmusige Ratte auf die Schulter setzt und freundlich versichert: *„Die tut nichts."* Bei einigen von Ihnen hört das Verständnis schon bei den stillen, klugen Katzen auf, von typischen ‚Ekeltieren' gar nicht zu sprechen.

**Abb. 7:**
**Baggermatschspiele machen fast allen Kindern und Hunden Spaß. Nur Erwachsene nennen das Schmutz…**

Genau wie Menschenkinder tun auch junge Hunde nicht immer das, was wir von ihnen wollen. Wir müssen also ca. ein bis drei Jahre damit rechnen, dass unser Hund anders reagiert, als wir das wollen. Und selbst später, als erwachsener Hund, wird er aufgrund von Erziehungsfehlern oder schlimmen Erfahrungen oder auch problematischen Neigungen ‚Schwachstellen' behalten. Hunde sind da ‚auch nur Menschen'!

Das Bestürmen von Fremden ist eindeutig eine Schwachstelle des sympathischen Menschenfreundes. Und als solche müssen wir sie sehen. Deshalb sollte es eine Selbstverständlichkeit sein, dass wir uns bei belästigten Mitmenschen aus echtem Bedauern heraus entschuldigen. Ebenso selbstverständlich sollte es sein, dass wir die Reinigung von beschmutzter Kleidung anbieten.

Dies so deutlich zu sagen, ist leider nicht überflüssig. Ich erlebe auf meinen täglichen Hundespaziergängen fast regelmäßig, dass die Hundebesitzer in solchen Situationen die Passanten noch zusätzlich beschimpfen:

*„Mein Hund hat Ihnen doch gar nichts getan. Stellen Sie sich nicht so an!"*

*„Hier im Pelzmantel aus dem Nerz-KZ rumrennen und dann noch über harmlose Hunde meckern, das lieb' ich!"*

*„Erziehen Sie Ihr Kind doch so, dass es nicht so hysterisch reagiert! Es hat ja selbst schuld!"* usw.

Genauso schlimm ist es, dass manche Hundebesitzer einfach weitergehen, ein spöttisches Grinsen aufsetzen und vielleicht noch herablassend abwinken. Sie wissen genau, dass sie eindeutig im Vorteil sind: Die belästigten Passanten können praktisch nichts tun, wenn sie den Hundehalter nicht kennen. Sie stehen erschreckt mit zitternden Knien und Dreck an der Kleidung und vielleicht einem schluchzenden Kind auf dem Arm da und sehen Herrn und Hund unaufhaltsam entschwinden. Eine Verfolgung kommt für die so Behandelten meist nicht in Frage, weil sie ja Angst vor dem Hund haben ...

Lernen Sie, Verständnis für Ihre Mitmenschen zu empfinden! Jemand, der sich mit Hunden nicht auskennt, kann einen neugierigen, verspielten Junghund, der ihn zielstrebig ansteuert, nicht von einem angriffslustigen erwachsenen Hund unterscheiden. Deshalb bekommt er verständlicherweise Angst.

Können Sie eine Spielzeugpistole sofort von einer scharfen Waffe unterscheiden?

Greifen Sie ohne Zögern zur harmlosen Schlange, wenn man sie Ihnen zusammen mit einer giftigen hinhält?

Deshalb seien Sie vorsichtig mit Ihrer Meinung: *„Das sieht doch jeder, dass mein Hund nichts tut!"* Und bedenken Sie immer, auch Ihr Hund ist durch seine Raubtierzähne eine Waffe. Dass er aufgrund seiner Zuneigung und Ergebenheit gegenüber ‚seinem' Menschen fast immer eine gut gesicherte Waffe ist, ist für ängstliche Menschen keine große Beruhigung.

Andererseits soll ihr kontaktfreudiger Hund nicht ganz auf Kontakte mit Mitmenschen verzichten müssen. Wenn Sie sicher wissen, dass die Entgegenkommenden sich über eine stürmische Begrüßung freuen, dann geben Sie Ihrem Hund ‚grünes Licht'. Sagen Sie z.B.: *„Basko, guck mal, wer kommt denn da! Lauf!"* Wahrscheinlich kennt er den Sinn dieser Worte schon, wenn Sie ihn zu Hause mit diesen Worten informierten, wenn Ihr Kind von der Schule oder Ihr Mann von der Arbeit kommt, und er wird deshalb sofort voller Vorfreude losrennen. Zeigen Sie ihm durch Ihre Armbewegung die richtige Richtung.

Die Erziehungsversuche an Ihrem jungen Hund haben in der vertrauten Umgebung, in der Sie täglich Ihre Runden drehen, am ehesten Erfolg. Kommt der Kleine in ein unbekanntes und entsprechend interessantes und aufregendes Gelände, ist häufig alles Gelernte in den Hintergrund gedrängt. Deshalb sind hier besondere Voraussicht und Vorsicht am Platze, insbesondere bei einem selbstbewussten Hund. (Eventuell an die lange Leine nehmen oder versuchen, ihn in der Nähe zu halten, weil die ‚Stimme seines Herrn' dann mehr Einfluss hat.)

Kritische Situationen sollte man möglichst vor ihm entdecken. Das ist allerdings leichter gesagt als getan. Wenn der lebenslustige Bursche aber doch zu einem unerlaubten und unerwünschten Kontakterlebnis gekommen ist und er nun froh wedelnd wieder zu Ihnen zurückkommt, schimpfen Sie auf gar keinen Fall mit ihm. Er würde das nur auf sein Zurückkommen beziehen und daraus lernen: *„Mein Mensch nimmt mir übel, dass ich zu ihm komme. Das nächste Mal muss ich besser Abstand halten!"*

Also versuchen Sie, den Ärger über seinen Abstecher zu verdrängen, und zeigen Sie ihm Ihre Freude über seine Rückkehr.

Sollte Ihr Hund schon erwachsen sein und die o.g. Schwachstellen immer noch haben, kommen Sie mit dem Lernen im Spiel nicht weiter. Sie müssen ihm vor allem zeigen, dass Sie auch dann noch Einfluss auf ihn haben, wenn er ein Stück von Ihnen entfernt ist. Als Erziehungshilfe kann eine lange dünne Schleppleine (unbedingt an einem Geschirr, nicht am Halsband angebracht!) hier ihren Platz haben. Wenn Ihr Hund losrennt und auf Ihren Rückruf nicht reagiert, dann stoppen Sie ihn mit einem deutlichen Ruck. Er soll die Erfahrung machen, dass das Weiterlaufen gegen Ihren Befehl nicht funktioniert.

Sensibelchen lassen sich im Vorwärtsstürmen meist auch von Disc-Schellen oder einer Klöterdose stoppen, die man ihnen vor die Pfoten wirft. Der zurückkommende Hund wird natürlich gelobt und vielleicht durch ein Spielchen belohnt. Ein Leckerli erfreut ihn wahrscheinlich auch. Aber bitte verfallen Sie nicht dem Irrtum, dass Sie nur als ‚Futterautomat' attraktiv für Ihren Hund sind! Sie sollten aber auch kein schlechtes Gewissen haben, wenn Sie Ihrem Hund zwischendurch Gehorsams-übungen wie SITZ, PLATZ, FUSS, BLEIB machen lassen. Achten Sie bei solchen Unterordnungsübungen darauf, dass Ihr Ton freundlich bestimmt bleibt.

Hundehalter, insbesondere männliche, neigen oft dazu, in scharfen, lauten Komisston zu verfallen. Ihr Hund ist viel entspannter und genauso bereit, etwas für Sie zu tun, wenn Sie ihn freundlich auffordern. Sie selbst sehnen sich bestimmt auch nicht nach einem Chef, der immer rummeckert, wenn er etwas durchsetzen möchte...

Schließen Sie die Übungen dann ab, wenn Ihr Hund etwas richtig gemacht hat, damit Sie ihn zum Schluss noch einmal loben können. Nach und nach wird es Ihnen in Konfliktsituationen dann hoffentlich gelingen, Ihren Hund in Ihrem Einflussbereich zu halten, auch wenn er nicht mehr an der Leine ist.

Ganz schwer haben es Halter von sogenannten Listenhunden, die nicht ohne Leine laufen dürfen. Diese Hunde können nur in abgegrenzten Bereichen wie Hundeschu-len, privaten Gärten u.ä. unbehindert durch die Leine den Normalumgang mit Menschen und Hunden lernen und üben. Offen gesagt, haben sie viel schlechtere Bedingungen, sich zu anständigen, umweltverträglichen Hunden zu entwickeln, weil sie ja von Anfang an unter ‚Sicherheitsverwahrung' leben müssen.

**Abb. 8:**
Das schwierigere Haustier ist der Zwergschweineber. Übrigens, der Bullterrierbauch ist einer der schmuseweichsten Hundebäuche! Und der Bullterrier selbst ist ein großer Schmuser.

# Beim Menschenfreund zu Hause

Zu Hause zeigen sich diese Hunde meist ebenfalls von ihrer freundlichen Seite, denn sie haben selten einen ausgeprägten Wachtrieb. Der hängt nämlich in der Regel mit einem großen Misstrauen gegen den ‚Rest der Welt‘ zusammen. Die Menschenfreunde freuen sich über jeden netten Besucher, inkl. Einbrecher. Nichtsdestotrotz sollte es eine Selbstverständlichkeit sein, den Hund zunächst fest und auf Abstand zu halten, wenn Handwerker, Lieferanten, Fensterputzer, Schornsteinfeger oder andere, dem Hund unbekannte Aktivisten in die Wohnung kommen, denn die können ja nicht wissen, dass er ein friedlicher Typ ist. Nachdem sie den Hund gesehen haben, können Sie fragen: *„Er ist ganz lieb. Darf ich ihn loslassen?“*

Meist darf man. Aber es gibt auch Menschen, die es trotz unserer Versicherung doch vorziehen, dass der Hund nicht frei herumläuft. Entweder haben sie einfach Angst vor Hunden, oder sie haben die schmerzvolle Erfahrung gemacht, dass so ein ‚Der-tut-nichts‘ in Wirklichkeit ein bissiger Köter war. Ich habe mehrmals gesagt bekommen: *„Alle Hundebesitzer behaupten immer: „Der tut nichts“ und dann hängt er einem in der Wade!“* Die Aussage von Hundehaltern: „Der tut nichts“ ist schon zum belästerten Antwort geworden, das ich gar nicht mehr benutzen mag. Dabei habe ich zeitlebens Hunde gehabt, von denen ich „Der tut nichts“ mit gutem Gewissen behaupten konnte.

Respektieren Sie die Unsicherheit fremder Besucher, und sperren Sie Ihren Hund in einen anderen Raum ein, oder noch hundegerechter: Nehmen Sie ihn an die Leine, und lassen Sie ihn die Aktivitäten der Fremden beobachten. Aber bitte nicht aus zu bedrohlicher Nähe (aus Sicht der Gäste).

Rechnen Sie immer damit, dass der Fremde sich ungeschickt, provozierend oder auch bedrohlich für Ihren Hund verhält. Ein Mensch, der eine Bohrmaschine oder eine Leiter geschultert hat oder eine Werkzeugkiste mit sich trägt, kann insbesondere für den unerfahrenen Hund schnell zur bedrohlichen Gestalt werden. Verständlicherweise wird er knurren oder bellen. Gehen Sie furchtlos an die unheimlichen Wesen heran, und fassen Sie sie auch demonstrativ an. Ihr Hund wird zum einen Ihren Mut bewundern, zum anderen wird er beruhigt registrieren, dass sein ‚Chef‘ diese Begegnung unbeschadet übersteht.

Ein Fremder, der seine Angst vor Hunden überspielen möchte, wird vielleicht seinen ganzen Mut zusammennehmen und versuchen, unseren freundlichen Hund zu streicheln. Da ihm die Hundeschnauze bedrohlich erscheint, möchte er den Hund lieber am Hinterkopf zwischen den Ohren streicheln. Mit zögernd langsamer Bewegung versucht er deshalb, möglichst steil von oben hinten zum Nacken des Hundes zu kommen. Nun mag gerade das ein Hund aber am allerwenigsten, denn genau an dieser Stelle würde ein großer Gegner den ‚Beutegriff‘ ansetzen. Deshalb entziehen sich insbesondere instinktsichere, ursprüngliche Hunde dieser Vereinnahmung durch einen Fremden entschlossen und oft sichtlich gereizt. Hier ist der Tipp angebracht: *„Lassen Sie den Hund erst mal an Ihrer Hand schnuppern, dann lässt er sich gern an der Brust streicheln“.*

Üben Sie aber auch mit Ihrem Hund, den tätschelnden Griff auf seinen Kopf oder den Rücken auszuhalten. Er ist durchaus in der Lage zu lernen, dass ihm dabei nichts passiert und Menschen das offenbar gerne so machen.

Nach meinen Erfahrungen lernt der Hund hier schneller als viele Menschen, die fremden Hunden immer wieder den Kopf tätscheln, ohne zu merken, dass die das gar nicht gerne mögen.

In Gaststätten ist der ‚Menschenfreund' – selbstverständlich an der Leine – in der Regel kein Problem, wenn Sie ihn im Bereich Ihres Tisches halten. Setzen Sie sich aber nicht gerade neben das Salat- oder Kuchenbuffet! Wenn Sie nach ausgiebigem Essen aufstehen und Ihr Hund sich unter dem Tisch herausarbeitet, wird er das unwiderstehliche Bedürfnis haben, sich zu recken und sich herzhaft zu schütteln. Unser Eurasier, dieser dickfellige Teddy, schwitzt unter Gaststättentischen immer geduldig vor sich hin. Wenn wir dann aber endlich aufstehen, muss er sich einfach schütteln. Den Gesichtern der Umsitzenden sieht man an, dass sie damit rechnen, nun eine angereicherte Mahlzeit vor sich auf dem Teller zu haben. Uns ist dieses Schütteln unangenehm, aber trotz aller Erziehungsversuche tut er es. Es überkommt ihn offenbar wie Niesen oder eine Gänsehaut.

Wir selbst sind daran gewöhnt, aber wir sollten es nicht vergessen: Unser Hund ist nicht nur ein Hund, er riecht auch wie ein Hund. Und wenn wir die Gaststätte nach einem Spaziergang im Nebel oder Regen ansteuern, dann stinkt unser Hund leider wie ein nasser Hund. Nicht jeder Gast riecht einen nassen Hund gern! Wenn wir also einen nassen Hund oder gar einen großen nassen Hund oder einen Hund, der immer penetrant nach Hund riecht (ein strenger Hundegeruch ist für einige Rassen typisch und wird bei der Auswahl eines Hundes leider viel zu wenig beachtet!) haben und noch eine gewisse Platzauswahl möglich ist, dann sollten wir lieber auf die letzten freien Plätze mit hervorragender Aussicht verzichten und an einem anderen Tisch etwas Abstand halten. Es kann auch durchaus besser sein, den Stinker im Auto zu lassen. Auf Dauer gesehen tun wir es Freund Hund zuliebe, denn nur Herr/Frau und Hund, die sich benehmen können, halten den ungehinderten Zutritt zu Gaststätten offen.

**Abb. 9: Schütteln bringt´s: Der Hund wird trockener, Umstehende nass ...**

# Unser Hund ist groß und auch noch schwarz ...

Wenn so ein mächtiger Bursche nicht schon Ihr Haus und Ihr Herz erobert hat, dann nehmen Sie doch in der Planungsphase mal so ein Kraftpaket an die Leine oder begleiten Sie einen ausgewachsenen Vertreter der angepeilten Rasse auf einem Spaziergang mit seinem Frauchen. Oder traut sich etwa nur der Mann im Haus zu, ihn an der Leine auszuführen?

Wir kennen einen erfahrenen Hundezüchter, der besitzt u.a. so einen Riesenhund von 75 kg. Seine Familie traut sich gar nicht, ihn auszuführen, und er selbst präpariert sich mit Stollensportschuhen, damit er überhaupt gegenbremsen kann, wenn sein Hund dahin will, wo er nicht hin soll. Dabei wirkt der Hund normalerweise träge und schwerfällig. Außerdem trägt er ein Stachelhalsband. Leider neigen ja die Besitzer großer, kräftiger Hunde zu solchen martialischen, tierquälenden Zwangsmethoden und hoffen sich damit durchsetzen zu können.

Wer auch nur in Erwägung zieht, ein Stachelhalsband einzusetzen, sollte mal den Hals eines Hundes anfühlen, der damit ‚zur Räson gebracht' wird. Wenn Hunde kein Fell über ihrem geschundenen Hals hätten, das diese Tierquälerei ‚undercover' ablaufen lässt, würde sich kein Hundehalter mehr trauen, ein Stachelhalsband (auch irre–führend Korallenhalsband genannt) einzusetzen.

Gerissene Bänder in den Fußgelenken und ebensolche in verdrehten Daumen, um die sich eine Leine gewickelt hat, sind in der Erziehungsphase (ca. zwei bis drei Jahre) bei Großhundebesitzern keine Seltenheit. So ein unternehmungslustiger, verspielter Labrador kann einen Menschen bei aller Liebe leicht von den Beinen holen, und dabei gehört er noch nicht einmal zu den sehr großen Hunden und ist dazu noch besonders gutmütig.

**Kaufen Sie sich keinen Hund, dem Sie kräftemäßig nicht gewachsen sind!**

Sie kommen unausweichlich in Situationen, in denen Sie Ihren Willen gegen den Ihres Hundes durchsetzen müssen. Insbesondere in der Erziehungsphase brauchen Sie dazu nicht nur Ihren Verstand, sondern auch so viel Kraft, dass Sie Ihren Hund sicher im Griff haben.

Bedenken Sie einmal, wie bedrohlich Ihr Hund mit Ihnen im Schlepp auf Fremde wirkt, wenn diese so eine Notbremsung beobachten. Wenn Sie sich einen Welpen einer starken Rasse zulegen, können Sie nie sicher wissen, ob er sich zu einem in jeder Lebenslage friedlichen Hund entwickeln wird.

Hunde haben auch ihre Eigenheiten und Schwächen. Wenn Ihr Riese eines Tages beschließt, keine Dackelrüden mehr zu ertragen, und er wütend auf jeden losgeht, reicht nicht immer die Stärke Ihres Befehls, um ihn von seinen Vorhaben abzubringen. Sie müssen Ihren Hund halten können, wenn er einmal seine Erziehung vergisst oder die Nerven verliert!

Lassen Sie nie ein kleines Kind, auch nicht das eigene(!) mit Ihrem Großen an der Leine losmarschieren, auch wenn das noch so niedlich aussieht, das Kind sich noch so stolz fühlt und Ihr Hund noch so zuverlässig ist. Es gibt auch beim gutmütigsten, bedächtigsten, besterzogenen Hund Situationen, in denen er vergisst, dass er ein Kind an der Leine hat, und plötzlich losläuft. Oft lässt das Kind vor Schreck die Leine nicht los oder es hat sie sogar ums Handgelenk gewickelt und wird vom Hund mitgeschleift. Ganz schlimm kann es ausgehen, wenn der Hund auf die Straße läuft.

Abb. 10:
Stolzer Hundeführer! Mamas Hand ist die ‚Leine für den kleinen Jungen‘, die Absicherung, dass das Menschenkind vom Hund nicht mitgerissen wird.

Legen Sie Ihren Großen nicht direkt vor einer Ladentür ab, schon gar nicht ohne Leine, auch wenn er den Befehl: *„Platz, warte!"* zuverlässig befolgt. So ein Berg von Hund wirkt auf Fremde oft wie eine unüberwindliche Barriere. *Wir* wissen, dass unser Hund ein ganz freundlicher, zuverlässiger ist, aber die anderen wissen das nicht. Sie können es auch gar nicht wissen, denn die verschiedenen Rassen sind sehr unterschiedlich im Ausdruck und Verhalten, und oft wirken auf Hundeunerfahrene gerade die friedlichsten am bedrohlichsten.

**Abb. 11:**
**Warten vor dem Geschäft. Solche Hunde auf Wachtposten sollten für Passanten tabu sein, auch wenn sie noch so ‚süß' gucken. Allerdings sollten Halter nur belastbare Hunde so ‚parken'.**

Unser Eurasier ist ein heller Wuschelhund und hat ein ‚lächelndes' Gesicht. Er ist ein ernsthafter Typ, kommt aber durch sein freundliches, teddyhaftes Erscheinungsbild gut an. Seine Freundin Antje dagegen, ein Labrador und eine Seele von einem Hund, extrem harmlos im Umgang mit Mensch und Tier, ist kohlrabenschwarz, kurzhaarig und wendig, und das macht offenbar vielen Menschen Angst. Zu allem Elend wird sie manchmal auch noch mit einem ‚Kampfhund' verwechselt.

Bei der Reaktion auf Hunde ist offenbar in erster Linie das Gefühl beteiligt, und das lässt sich selbst durch Informationen nicht so schnell ändern. Krankhafte Ängste, sogenannte Phobien, baut man auch nicht durch Appelle an die Vernunft oder gar durch Vorwürfe ab. Hilfreich kann dagegen vor allem eine vorsichtige Gewöhnung sein.

Für Hundenarren ist es nur schwer verständlich, dass manchem Mitmenschen der kalte Angstschweiß ausbricht, wenn ihm auf dem Fußweg ein großer Hund entgegen kommt. Andere erschauern, wenn sie ‚Fellfühlung' mit einem Hund haben – vom Kontakt mit einer kalten, nassen Hundenase ganz zu schweigen!

Nach meinen Erfahrungen wirken auf ängstliche Menschen ruhige Hunde, deren Bewegungen berechenbar erscheinen, nicht so bedrohlich wie die lebhaften. Schwarze Hunde sind schon deshalb bedrohlich, weil man ihr Gesicht schlecht erkennen kann. Zudem ist die Farbe Schwarz negativ besetzt.

Im Interesse unserer Umwelt – und damit letztlich unseren Hunden zuliebe – gehören insbesondere große Hunde an Treffpunkten vieler Menschen (Fußgängerzonen, Sportveranstaltungen, Geschäfte, Bahnhöfe, Stadtparks an Sonntagen usw.) grundsätzlich an die Leine, und zwar an eine richtige.
Viele Hundebesitzer finden es toll, wenn ihr Hund zuverlässig an ihrer linken Seite ‚bei Fuß' geht, ganz ohne mechanische Leine, nur gehalten durch die Kraft des Befehls.

47

Wer allerdings das Bei-Fuß-Gehen ohne Leine mit seinem Hund schon trainiert hat, der weiß, wie schnell ein unvorhergesehener Umweltreiz den Hund von seiner Seite bringen kann. Selbst Polizisten führen ihre ausgebildeten Diensthunde an der Leine neben sich und lassen sie nur kurzzeitig los, um z.B. jemanden zu stellen. Die Hundehalter, die ihren großen Hund gern an der ‚Befehlsleine' zwischen anderen Menschen durchlotsen, sollten sich einmal überlegen, ob sie das vielleicht nur tun, weil sie damit eine gute Figur machen und ihre Macht demonstrieren können. Einen Hund, der gut bei Fuß geht, können wir ohne Nachteile für uns und ihn an die *lockere* Leine nehmen, und unsere Mitmenschen haben ein sicheres Zeichen, dass der Hund fest ist. Mir jedenfalls ist ein Löwe hinter Gittern auf alle Fälle lieber als einer, der mir frei begegnet, nur durch ‚Befehlsgewalt' an seinen Besitzer gebunden. (*Richtig lieb ist mir ein Löwe allerdings nur als freier Wilder in seiner Heimat!*)

Viele Gehorsamsübungen lernen sich in der Gruppe auf einem Übungsplatz leichter. Suchen Sie sich aber sorgfältig einen aus, wo Ihr Hund nicht scharf oder zur Schnecke gemacht wird. Zum Glück gibt es inzwischen viele Hundeschulen. Darunter sind gute und schlechte. Es ist bei Ihnen, sich dort Unterstützung zu holen, wo Fachleute mit fundiertem Wissen über das Wesen der Hunde behutsam mithelfen, Ihren Hund zu einem verlässlichen Partner heranwachsen zu lassen. Denken Sie immer daran: Freunde quält man nicht. Sie brauchen unsere Achtung und unser Verständnis.

Welpen- und Junghundspielstunden unter guter Führung sind eine große Hilfe für jeden Hundehalter und sollten zum richtigen Zeitpunkt genutzt werden. So mancher Hundehalter kommt erst auf diesen Gedanken, wenn sein Hund schon fast erwachsen und das Lernfenster fast zu ist.

**Abb. 12:**
**Hier bin ich Hund, hier darf ich´s sein. Überwachte Junghundspielstunden sind**
**eine ideale Sache und vermeiden so manche Einzeltherapiestunde für**
**‚schwierige‘ Hunde.**

Für die vielerorts geforderten Hundeführerscheine ist das gemeinsame Lernen in einer Hundeschule sehr hilfreich. Zum Glück gibt es inzwischen viele Hundetrainer mit einer Ausbildung, die neuen Erkenntnissen über Hunde Rechnung trägt. Die ewig Gestrigen gibt es leider auch noch, und die müssen noch nicht einmal alt sein ...

# Unser Hund ist ein Wächtertyp

**Abb. 13**
**Auf Ressourcen wie Besitz oder Essen aufzupassen macht schon vielen Hundekindern Spaß.**

Die Eigenschaft des Beschützens und Bewachens wurde von den Menschen lange Zeit sehr gefördert. Es gab genug einsam gelegene Bauernhöfe, Landhäuser und ähnliche Anwesen, die nach einem zuverlässigen Wächter verlangten. ‚Spitz pass auf!' heißt ein Spiel. Die Spitze sind wirklich die geborenen Aufpasser. Ein typischer Wolfsspitz bleibt auch ohne Zaun – meistens – auf seinem Besitz, in dessen Bewachung er seine Lebensaufgabe sieht.

Viele Schäfer- bzw. Hütehunde und Terrier haben ebenfalls Wächterqualitäten. Rassen, die früher andere Aufgaben erledigt haben, übernehmen inzwischen auch das ‚Wächter spielen', sozusagen als eine Art Ersatzjob, weil sie unter einem Mangel an Aufgaben leiden.

Bei Ihren Vorüberlegungen zum Hundekauf sollten Sie sich darüber Gedanken machen, ob so ein ernsthafter Aufpassertyp der richtige Hund für Sie ist, und vor allem auch für die Umwelt, in der Sie leben. Dabei werden vor allem die ‚lauten Wächter' in Mehrfamilienhäusern schnell zum Problem.

Unser Basko, ein typischer Wächter, lässt schon seine furchteinflößende Donnerstimme ertönen, wenn er nur ein ungewöhnliches Geräusch hört oder eine unklare Aktion um unser Grundstück herum beobachtet, und ihm entgeht kaum etwas.

Viel öfter als Einbrecher kommen in den Normalhaushalt aber andere, harmlose Menschen, die uns durchaus willkommen sind. Die geborenen Aufpasser sehen das anders. Wenn es nach ihnen ginge, würden sie gar keinen Fremden hereinlassen. Es braucht deshalb einiges an Erziehung, damit sie lernen, sich zurückzuhalten. Wenn Sie als Besitzer eines solchen Hundes diesen Erziehungsschritt nicht bewältigen – und so ergeht es vielen – kann es passieren, dass sich die Zahl Ihrer Freunde schnell verkleinert, oder Sie müssen Ihren Hund bei jedem Klingeln wegsperren und in Kauf nehmen, dass er immer wütender auf jeden ‚Eindringling' wird und ausdauernd hinter der Tür seines Gefängnisses Krach macht. Vom Durchschlafen können Sie mit einem solchen Aufpasser im Haus auch nur noch träumen, denn nachts vermutet er hinter jedem ungewohnten Geräusch Gefahr und warnt lauthals. Um das zu vermeiden, muss von klein auf an ein Schwerpunkt der Erziehung darauf liegen, ihm den von uns gewünschten Umgangston mit Fremden, die zu uns kommen, beizubringen.

Im ‚neutralen ‚Spaziergehgelände' benehmen sich die Wächter unterschiedlich. Manche verspielten Rassen sind durchaus kontaktfreudig, andere tragen ein deutliches Misstrauen gegen alle Fremden in sich und weichen engen Kontakten aus. Sie wirken deshalb von klein auf an gut erzogen, obwohl sie sich aus einer angeborenen Vorsicht heraus so verhalten. Wenn Sie sich allerdings auf eine Parkbank setzen, bei Ihrem Auto stehen, einen Kinderwagen mithaben oder irgendetwas, was Ihr Wächter als Besitz betrachtet, dann wird er sofort zum entschlossenen und ernstzunehmenden Aufpasser.

Als wir unseren Basko noch nicht lange hatten – vorher hatten wir uns ein Hundeleben lang an das verspielte, kontaktfreudige Verhalten unserer kleinen ‚Kampfhund-
Nachkommen, der Boston-Terrier, gewöhnt – erwischte es uns in einer kleinen
überfüllten Kaffeestube beim Morsum-Kliff auf Sylt kalt. Die ganze Familie samt
Großeltern saß um ein winziges Stahltischchen gedrängt und wärmte sich bei Kaffee
und Torte auf. Das kleine Café war wegen des schlechten Wetters brechend voll.
Junghund Basko und unsere alte Boston-Terrierhündin Beauty schliefen (?!) friedlich
unter dem Tisch. Ja, und plötzlich hüpfte unser Tisch, die Tassen und Teller flogen
durch die Gegend, und der ganze Raum war mit ohrenbetäubendem Krach erfüllt:
Basko hatte einen winzigen Westi entdeckt, der es gewagt hatte, mit seinen Leuten in
die Nähe unseres Tisches zu kommen. Wie eine Furie war er mit Donnergetöse dem
Westi entgegengestürzt. Beauty, die gar nicht wusste, warum er sich so aufregte,
bellte und wütete eifrig mit. Ein Boston-Terrier macht immer gern mit, wenn
irgendwo etwas los ist! Die Westi - Besitzer nahmen ihren Kleinen ängstlich auf den
Arm. Was die anderen dachten und äußerten, bekam ich nicht mit, weil mein Vater,
ein sehr sozial und rücksichtsvoll eingestellter Mann, wütend und entschlossen
bekundete: „*Mit diesem Hund gehe ich nie wieder in eine Gaststätte!*“

Dieses Ereignis macht deutlich, in welchen Situationen der Besitzer des Wächters gefordert ist, wenn er seine Umwelt nicht erschrecken und in Gefahr bringen will. Genauso vehement möchte der Wächter sein Auto, seinen Garten und – häufig aus unserer Sicht völlig grundlos – seine Menschen beschützen.

Wenn wir ehrlich sind, müssen wir uns eingestehen, dass wir das ‚Wächtern' unseres Hundes häufig nicht gebrauchen können. Im schlimmsten Fall, wenn wir uns einen Alpha-Rüden ins Haus geholt haben (das ist einer, der gerne das Sagen hat. Von denen gibt es aber viel weniger, als Menschen häufig meinen!) oder unsere Erziehung ohne die rechte Konsequenz verläuft, wird er sogar versuchen, wichtigen Besitz selbst gegen uns zu verteidigen:

Das kann das Auto sein, wenn er zuerst eingestiegen ist, oder ein Lieblingssessel, oder er verweigert rangniederen Familienmitgliedern den Zutritt zu einem Raum.

**Abb. 14: Meins!**

Wenn Sie Besuch erwarten, sollten Sie schon mit Ihrem jungen Hund mit allen Zeichen der Vorfreude darüber sprechen: *„Gleich kommt der gute Schornsteinfeger, fein!"*

Am besten benutzen Sie dieselben Worte und den gleichen Tonfall, mit denen Sie ihn auch über die erwartete Rückkehr eines geliebten Familienmitglieds informieren. Aufgeregt wird er dann mit Ihnen warten.

Richten Sie es so ein, dass in dieser ersten Übezeit möglichst hundeerfahrene Leute die angekündigten Besucher sind. Denen können Sie Ihren kleinen Möchtegern-wächter unbesorgt entgegenlaufen lassen. Die eingeweihten Gäste werden ihn freundlich begrüßen und ihm vielleicht sogar etwas Leckeres mitbringen. Ganz selbstverständlich werden sie mit ihm reingehen, und er wird sie lassen.

Ziel ist, dass der junge Hund mit jedem Ankömmling gute Erfahrungen macht und er die Möglichkeit zu ungehindertem Kontakt zu den fremden Besuchern hat. Positive Konditionierung soll die Bedenken unseres Hundes abbauen.

Ein mögliches Knurren des Kleinen sollte man nicht ernst nehmen. Ein „*Nein*" kann ihn zwar informieren, ansonsten sollte aber die lockere Begrüßung weitergehen. Wenn wir anfangen, mit ihm zu meckern, vergeht ihm die aufkommende Freude am Besuch schnell wieder, und wir verstärken sein unerwünschtes Verhalten unabsichtlich. Er soll ja gerade spüren, dass eine gute Atmosphäre herrscht, wenn es an der Tür klingelt und jemand reingelassen wird.

Als wir unseren Eurasierwelpen bekamen, wussten wir, dass in dieser Rasse Wächterblut fließt und sie fremdabweisend sein soll. Da wir beide Eigenschaften bei ihm nur in gemäßigtem Ausmaß wollten, haben wir von klein an versucht, seine vorhandene Zurückhaltung (Angst?) vor fremden Menschen abzubauen.

Vor unserer Haustür wurde damals eine U-Bahnstrecke gebaut. Zu Zeiten, wenn die Bauarbeiter Pause hatten und ihren Bauwagen ansteuerten, machten Basko und ich unsere Kontakt-Tour. Viele dieser Arbeiter hatten eine selbstverständliche, natürliche Art, Basko anzusprechen und spontan zu streicheln. Ängstliche Reaktionen beachteten sie nicht weiter. Schon nach wenigen Wochen konnte Basko mit Fremden viel sicherer und dadurch freundlicher umgehen. Ein Hund, der zu jedem freudig hingeht, ist er deshalb noch lange nicht geworden, aber er gerät auch nicht aus der Fassung, wenn er zwischen vielen fremden Menschen steht und einer spontan nach ihm fasst.

Frühzeitige Sozialkontakte in entspannter Atmosphäre zu fremden Hunden und Menschen, wie Hundeschulen sie ideal bieten können, sind für die vorsichtigen, misstrauischen Hunde besonders wichtig.

**Abb. 15: Wächter mit Übersicht.**

Wir alle leben nicht mehr als Einsiedler. Unser Hund muss es einfach abkönnen, dass ihn unerwartet ein fremdes Kind streichelt oder dass er im Menschengedrängel geschubst oder gar getreten wird, ohne die Nerven zu verlieren. Die generell menschenvertrauenden Kontakthunde können das sowieso, die anderen müssen es lernen. Und zwar möglichst rechtzeitig!

**Abb. 16:**
**Kleine Kinder sind nicht immer nur lieb. Sie probieren aus, was alles machbar ist. Da muss ein Familienhund durch ...**

**Und dem Kind muss möglichst schnell vermittelt werden, dass es das nicht tun darf! Denn irgendwann verliert auch der gutmütigste Hund die Fassung.**

Aber zurück zu unserem Jungwächter, der lernen soll, Fremde reinzulassen. Für ihn ist das Vertrautmachen mit fremden Menschen außerhalb der eigenen vier Wände eine Hilfe bei dem Versuch, ihm beizubringen, sich auf Besucher zu freuen. Entscheidend ist, dass er das lernt, solange er noch klein ist und harmlos aussieht, denn nur so lange können wir ihn auf Besucher loslassen, ohne rücksichtslos zu sein.

Haben wir in dieser Phase durch positive Konditionierung nicht erreicht, dass der Junghund zuverlässig freundlich auf unbekannte Besucher reagiert, müssen wir unsere Erziehungsstrategie ändern. Wir sollten ihn zwar weiterhin in erwartungsvollfrohem Ton auf Ankömmlinge vorbereiten, aber wenn es dann schließlich klingelt, dürfen wir ihn nicht mehr einfach lossausen lassen. Stattdessen veranlassen wir ihn, etwas entfernt von der Tür (aber so, dass er den Besucher sehen kann) *„Platz, warte!"*

zu machen. Wenn der Besucher eingetreten ist, sollten wir den Hund dazu rufen, aber immer in Hab-Acht-Stellung und bereit, ihn am Nacken zu packen, falls er anfängt zu knurren, und ihm mit *„Basko, pfui ist das!"* deutlich zu machen, dass wir sein Verhalten missbilligen. Ein missbilligender Ton darf und muss manchmal sein. Wer nur einschmeichelnd rumsäuselt, der verliert seine Glaubwürdigkeit.

Wenn der Hund groß und bedrohlich aussieht und eine echte Gefahr von ihm ausgehen kann, ist es nicht mehr locker und entspannt möglich, ihn an Fremde zu gewöhnen. Die Freude an Besuchern wird man dem Wächter nur noch schwer beibringen können, aber er kann lernen, Abstand zu halten. An Fremde, die nur bis an die Haustür kommen, lassen wir ihn am besten gar nicht mehr heran. Er kann sie ja von seinem Platz aus sehen. Sinnvoll ist es, ihn dort anzuleinen.

Wichtig ist, dass die Besucher wissen, dass sie zum Rückzugsort des Hundes Abstand halten müssen. Würden sie auf den Gedanken kommen, den artigen Hund in seinem Korb zu streicheln, könnte das schlimme Folgen haben. Für Besucher ist es kein gutes Gefühl, wenn sie die negative Einstellung des Hundes ihnen gegenüber erkennen. Sie können sich in der Wohnung kaum noch unbefangen bewegen. Deshalb sollte vordringliches Ziel sein, den Hund Besuchern gegenüber freundlich einzustimmen, damit sich beide Seiten in unserer Wohnung frei bewegen können, auch wenn wir mal in der Küche sind und Besuch und Hund alleine im Wohnzimmer.

Wenn unser Jungwächter Besucher freundlich rein lässt, ist das allerdings erst ein Teilerfolg. Der Wachtrieb kann ihn in einigen Situationen doch noch überkommen: Vielleicht begleitet er Ihren Besuch freundlich bis zur Toilettentür, wartet dann gespannt davor … Und stellt ihn mit grimmiger Drohhaltung, wenn dieser erleichtert das stille Örtchen wieder verlässt.

Ein hundeerfahrener ‚Klogänger' wird das Problem meistern, indem er unbeeindruckt weitergeht, vielleicht mit einem ruhigen, gleichzeitig beruhigenden *„Basko, was soll denn das!"* oder *„Nein, Basko, lass das!"*

Ist der Klogänger aber ängstlicher Natur, sollten Sie – in der Stille wirkend – eingreifen, damit Ihr kleiner Wächter nicht erst merkt, wie prima er mit seinem Drohverhalten Leute erschrecken kann. Denn solche Erfolgserlebnisse würden genau das Verhalten verstärken, das abgebaut werden soll.

Günstig ist diese Strategie: Folgen Sie Klogänger und Jungwächter unauffällig. Während Ihr Hund vor der Klotür wartet, erzählen Sie ihm, dass der gute Onkel Max gleich wiederkommt. Und Sie fragen ihn: *„Ja, wo ist denn der gute Onkel Max?"* So beeinflusst wird Ihr Kleiner – hoffentlich – in nunmehr freudiger Erwartung in Richtung Klotür wedeln. Wenn diese sich dann endlich öffnet, kommen Sie ‚ganz zufällig' vorbei und bekunden Ihrem Hund Ihre Freude: *„Ja, da ist ja der gute Onkel Max, fein!"* (Schließlich soll sich Ihr Besucher auf dem Klo ja nicht unter Kontrolle fühlen.)

**Abb. 17:**
**Und was machen wir, wenn er aus dem Klo wieder raus kommt?**

Wenn Ihr Kleiner immer noch zwiespältige Gefühle zeigen sollte, können Sie ihn noch zusätzlich mit einem Kaustäbchen o.ä. positiv stimmen, das er dann stolz mit ins Wohnzimmer schleppen wird. Noch eindrucksvoller ist es für den Hund, wenn die Klogänger ihm leckere Sachen mit herausbringen; aber nicht jeder Besucher füttert gern einen fremden Hund. Auch diese positive Konditionierung können Sie nur beim sehr jungen, ‚niedlichen' Hund einüben. Keinem Fremden sollte man eine solche Belagerung durch einen erwachsenen Hund zumuten.

Wenn es nicht gelingt, den Hund durch positive Verstärkung zu freundlichen Gefühlen gegenüber Fremden zu bringen, dann hilft es leider nichts: Man muss mit seiner ablehnenden Einstellung leben und ihn durch eindeutige Befehle vom Ausleben seiner Aggressionen abhalten. Wenn er Befehle nicht zuverlässig befolgt, muss er leider eingesperrt werden, auch wenn das seine Abneigung gegen die Fremden verstärkt. Jetzt gilt es vor allem, sich den Misserfolg in der Erziehung einzugestehen und nicht schön zu reden.

Denken Sie bei Ihren Erziehungsbemühungen immer daran: Sie wollten einen Wächter, und er meint es nur gut. Sie müssen entweder seine Gefühle verändern oder ihm deutlich machen, was er nicht darf.

Handwerker sind für den heranwachsenden Hund oft schon dadurch unheimlich, dass sie nicht wie normale Menschen aussehen, wenn sie z.B. eine riesige Teppichrolle schleppen. Außerdem riechen sie oft suspekt nach allen möglichen chemischen Stoffen. Verstehen Sie also das Unbehagen Ihres Hundes. Wenn die Handwerker einverstanden sind – aber auch nur dann –, lassen Sie den Jungwächter schnuppern und zugucken, dabei unterstützen Sie ihn wieder, wie schon beschrieben: „*Ja, fein, das sind doch gute Leute, Basko!*"

Haben die Handwerker Angst, dann nehmen Sie den Hund an die lockere Leine und lassen ihn in Abstand ‚Sitz' machen. So bieten Sie den Handwerkern das Maß an Sicherheitsgefühl, das sie brauchen, und dem Hund so viel Kontakt und Neugier-befriedigung wie möglich.

Aber Vorsicht: Eine straffe Leine macht den Wächter schnell stark und angriffslustig, weil er sich mit Ihnen eng verbunden und von Ihnen unterstützt fühlt. Wenn er also nicht folgsam an lockerer Leine ‚Sitz' praktiziert (Ihre Erziehung in diesem Bereich bisher also leider erfolglos war), dann bringt das Zugucken an der Leine nur Nachteile. In diesem Fall ist es besser, den Hund mit freundlichen Worten und einem leckeren Kauknochen in ein anderes Zimmer zu befördern, und zwar schon bevor er die Fremden androht. Am besten ist es, wenn Sie oder ein anderes Familienmitglied mit ihm dort bleiben können. Er soll sich ja auf keinen Fall bestraft und ausge-schlossen fühlen. (Ich weiß, dass das nicht immer machbar ist!)

Sie merken, es geht wieder darum, den Hund positiv zu stimmen, damit er mit dieser Art von ‚Eindringlingen' keine negativen Erfahrungen verbindet, denn dann würde er sie noch unsympathischer finden.

**Wir sind gefordert!**

Geben Sie Ihren Mitmenschen häufig Ratschläge, wie Ihr Hund zu behandeln ist? Besser ist es, Ihr Hund lernt die verschiedenartigen Verhaltensweisen von Menschen kennen und macht die Erfahrung, dass er nichts zu befürchten hat. Anders gesagt: Erziehen Sie in erster Linie Ihren Hund, nicht Ihre Mitmenschen! Es darf nicht dahin führen, dass jeder Mensch, der mit Ihrem Hund auskommen will, einen Erziehungskurs absolvieren muss.

Das heißt nicht, dass Sie einem unsicheren, hundeunerfahrenen Bekannten nicht mal einen Tipp geben dürfen. Entscheidend wichtig ist aber, dass Ihr Hund eine Erziehung durchläuft, die ihn befähigt, mit anderen Menschen gut auszukommen, auch wenn die sich seiner Meinung nach sonderbar aufführen.

Übrigens, Hunde sind meistens lernbereiter als Menschen! Sie lernen ‚Fremdsprachen‘ schnell, z.B. die Sprache der Katzen, und wir können ihnen einiges zutrauen.

Überkommt Sie schon mehr und mehr die Befürchtung, dass Ihr Wächter aus Veranlagung inzwischen zu einem Einbrecherfreund aus Erziehung geworden ist? Da können Sie ganz beruhigt sein. Wenn Sie nicht dabei sind, er also allein die Verantwortung trägt, wird er als entschlossener Bewacher auftreten, der nicht zu unterschätzen ist. Er spürt den Unterschied zwischen einem Besucher, der von Ihnen freundlich hereingelassen wird, und einem ungebetenen Gast, der einfach so reinkommt, womöglich noch durchs eben eingeschlagene Fenster. Schon wenn ein Fremder nicht, wie gewohnt, durch die Eingangstür kommt, sondern plötzlich von hinten durch den Garten über die Terrasse zur Terrassentür gelangt, ist das für den Wächter Alarmstufe Rot. Aus seiner Sicht hat er ja auch recht.

Um seine Fähigkeiten im Ernstfall ausnutzen zu können, lassen Sie ihm bitte, wenn er allein zu Hause ist, Zutritt zu allen Räumen.

Es ist wirklich vorgekommen, dass ein Gastwirt in seiner Küche von einem Einbrecher erschlagen wurde, während die beiden mannscharf abgerichteten Schäferhunde gehorsam vor der geöffneten (!) Küchentür verharrten und ihm nicht zu Hilfe kamen. Sie hatten gelernt, dass die Küche für sie absolut tabu war.

Wenn Sie in einem Mehrfamilienhaus wohnen, sollten Sie im Interesse der Mitbewohner Ihrem Wächter nicht erlauben anzuschlagen, also zu bellen, wenn es bei

Ihnen klingelt. Wächtertypen neigen sowieso dazu, mehr zu bellen, als einem lieb ist. Unterbinden Sie auf alle Fälle, dass Ihr Hund sich hinter seinem Gartenzaun als wilde Bestie aufspielt und jeden Vorübergehenden anbellt. Es ist ein Schreck für jeden Ahnungslosen, wenn plötzlich dicht neben ihm ein Untier mit viel Lärm gegen den Zaun springt. Sie selbst wissen, wie haltbar Ihr Zaun ist (er ist doch hoffentlich haltbar?). Der Passant weiß es nicht; deshalb muss er befürchten, dass sich der Hund gleich auf ihn stürzt. Nur Hundeerfahrene wissen, dass es gerade der Zaun ist, der den Hund so stark macht, und dass er in der Regel gar nicht raus will.
Wenn der Hund diese lustbringende Betätigung einmal lieben gelernt hat, ist es sehr schwer, sie ihm wieder abzugewöhnen. Deshalb: Wehret den Anfängen!

Lassen Sie den Jungwächter nicht unbeaufsichtigt im Garten, sonst ergeht es Ihnen so: Sie brutzeln in der Küche gerade Gemüse an, da hören Sie draußen seine noch kleine Wächterstimme. Sofort sausen Sie in bester Erziehungsabsicht nach draußen und rufen ihn. Sie haben Glück. Er kommt aufgekratzt und befriedigt angesaust. Und was nun? Natürlich, Sie loben ihn, weil er so brav gekommen ist. Etwas anderes dürfen Sie gar nicht tun, denn er ist ja auf Ihren Ruf hin erschienen. Wenn Sie jetzt mit ihm schimpfen, lernt er: *„Bloß nicht hingehen, wenn meine Leute rufen, sonst reagieren sie wütend.“* Inzwischen ist übrigens auch Ihr Gemüse angebrannt!

Ich habe mich bei der Erziehung unseres Basko so dusselig angestellt und ihn immer zu mir gerufen, wenn er am Zaun gebellt hat, und dann habe ich ihn gelobt. Durch diese falsche Erziehungsmaßnahme hat er es sich nicht abgewöhnt, Rüden am Zaun fürchterlich anzubellen, aber er kommt nach jeder ‚Motzerei‘ ungerufen bei mir an, strahlt über sein ganzes hechelndes Hundegesicht und lässt sich loben. Schließlich habe ich ihm doch beigebracht: *„Nach dem Bellen musst du zu mir kommen, dann lobe ich dich, und wir sind beide froh.“*

Zum Glück zeigt Basko dieses unerwünschte Verhalten nur bei einigen in etwa gleichgroßen Rüden aus der Nachbarschaft, die ihrerseits jeden Tag voller Vorfreude unseren Zaun ansteuern und auf ihrer Zaunseite eifrig ‚mitmischen‘. Wer gibt nicht gerne einmal so richtig mit seiner Stärke an im Bewusstsein, sie nicht beweisen zu müssen? Bei vorübergehenden Menschen hält Basko zum Glück die Schnauze – allerdings aus Bedürfnis, nicht aus Erziehung. Wenn ich ehrlich bin, dann hat er, was sein Zaunverhalten angeht, gewonnen. Er rast lustvoll am Zaun entlang und liefert sich mit den vorbeikommenden Nachbarsrüden ein Scheingefecht und ich akzeptiere, was ich nicht ändern kann. Das Leben mit unseren Hunden bedeutet immer auch Zugeständnisse zu machen.

Wie bringt man das richtige Verhalten dem Hund aber nun bei? Wenn man Passanten vor dem Hund entdeckt und merkt, dass er an den Zaun gehen will, sollte man sein Verhalten zunächst nur beobachten. Es kann sein, dass er aus Neugier hingeht und sich dann wieder zurückzieht, ohne den Mund aufzumachen. Wenn er aber bellt, sollten wir ihn das nächste Mal schon zu uns rufen, bevor er zum Zaun läuft. Wenn wir ihn bei uns haben, können wir ihn entweder durch Spielen ablenken, wenn er noch sehr kindlich ist, oder wir lassen ihn ‚Sitz‘ oder ‚Platz‘ machen, bis die Passanten vorübergegangen sind, und loben ihn danach. Voraussetzung für dieses Vorgehen ist natürlich, dass wir mit ihm im Garten sind.

Entwischt er uns trotz unserer Aufmerksamkeit in Richtung Zaun, sollten wir sofort hinter ihm herspurten, ihn uns schnappen und mit einem strengen *„Nein, Basko!"* im Nacken greifen und mit festem Griff vom Zaun wegziehen und ihn anschließend Gehorsamsübungen machen lassen.

Vorsicht ist allerdings beim Hinterherrennen aus Erziehungsgründen dann geboten, wenn unser Junghund ein wendiges, verspieltes Kerlchen ist. Er wird nämlich dann – leider – schnell lernen, dass er daraus ein ganz tolles Fangspiel machen kann, bei dem wir ungeschickten Menschen kaum eine Chance haben, ihn zu erwischen. Wenn der schlaue Kleine unseren ernsthaften Erziehungsversuch so zum heiteren Spiel umfunktioniert, ist das aus seiner Sicht o.k., und wir müssen lernen, dass wir ihn durch Hinterherrennen nicht erziehen können, sondern unerwünschtes Verhalten provozieren.

Er begreift leider sehr schnell: *„Erst belle ich am Zaun, dann kommt mein schimpfender Mensch angerannt und wir spielen Fangen und ich gewinne immer. Seine Befehle ignoriere ich. Er meint das alles offenbar nicht ernst, denn es hat keine negativen Konsequenzen für mich."*

Eine Möglichkeit ist auch, den Hund an einer dünnen, für ihn zunächst unmerklichen Schleppleine zu haben. Wenn er dann gegen unseren Befehl in Richtung Zaun losrennt, können wir ihn mit einem kräftigen Ruck stoppen und ihm so unseren ‚langen Arm' beweisen. Rufen Sie ihn anschließend freundlich aber bestimmt heran und loben Sie ihn fürs Kommen. Lassen Sie ihn anschließend noch ein paar Anweisungen ausführen, die ihm klarmachen, dass Sie das Sagen haben, und beenden Sie die Aktivitäten dann, wenn Sie ihn berechtigt loben können.

---

**Lernziele für den Wächter**

Für ein friedliches Zusammenleben mit Ihrem Hund in den verschiedensten Situationen ist es wichtig, dass er fremde Menschen am Zaun und an der Haustür zumindest toleriert und alle die Leute in der Wohnung akzeptiert, die Sie freiwillig reinlassen. Das können Spielgefährten Ihrer Kinder sein, Arbeitskollegen, Handwerker, der Notarzt usw.

---

Vergessen Sie bitte nie, wenn Sie mit Ihrem – aus Bedürfnis oder Erziehung – friedlichen Hund an die Haustür gehen, dass viele Menschen berechtigte Angst vor Ihrem Hund haben. Deshalb nehmen Sie ihn zunächst am Halsband. (Wenn er seine Erziehungsphase erfolgreich hinter sich hat, muss er das abkönnen, ohne aggressiv zu reagieren!) Zu sagen: „Der tut nichts!" ist als Beruhigung zu wenig.

Wenn Sie an Ihrer Haustür oder am Zaun ‚Vorsicht bissiger Hund' stehen haben, dann ist das wahrscheinlich ein guter Einbrecherschutz, macht aber auch allen fremden Besuchern, die in guter Absicht kommen, Angst.

Für Anfänger in Sachen Hund ist ein misstrauischer Hundetyp mit ausgeprägtem

Revierdenken nicht zu empfehlen, weil er seine Leute leider oft überfordert.

**Abb. 18:**
**In einer intakten Beziehung nimmt er uns gern als Helfer, wie hier als**
**‚Ohrenhalter'. Dabei gibt er sich Mühe, unsere Finger heil zu lassen.**
**Hundeunerfahrene fürchten meist, er würde uns gleich mitfressen.**

# Unser Hund ist ein Jägertyp

Fast in jedem Hund steckt eine Portion Jagdlust, da meldet sich in ihm Urur...-opa Wolf: Der eine jagt, Spurlaut gebend, im Zickzack durch den Wald, der andere fährt in jede Röhre ein, einer gräbt gierig Mäusenester aus, der andere springt Mäuse und Maulwürfe mit dem gekonnten Mäusesprung seiner Ahnen tot. Einer hetzt jeder Taube nach, der andere schwimmt nicht mehr abrufbar hinter Enten her, einer ist ein typischer Sichtjäger, der ausrastet, wenn er einen Hasen, ein Reh oder ein Schaf sichtet und hetzt hinterher und verbeißt sich in seinem Opfer, wenn er es erwischt. Manch gut erzogener Stadthund rennt plötzlich über die Straße, wenn er drüben eine Katze entdeckt, andere wieder hüpfen auf den Hinterbeinen um Bäume herum, auf denen sie ein Eichhörnchen gesichtet haben, und machen verzweifelte Versuche, endlich das Klettern zu erlernen. Nur wenigen Hunden ist die überlebenswichtige Lust ihrer wölfischen Vorfahren, Beute zu machen, abhanden gekommen.

Unsere Hunde sind anpassungsfähige Kerlchen. Wenn es an ‚jagdbarem Wild‘ mangelt, verzweifeln sie nicht, sondern sie halten unternehmungslustig Ausschau nach einer Ersatzbeute. Meist müssen sie nicht lange danach suchen: So ein flinker Jogger bietet sich durchaus dafür an, den Hetz- und Spieltrieb auszuleben. Besonders reizvoll wird die Jagd dadurch, dass diese Zweibeiner nicht allzu schnell sind und Freund Hund sie nach kurzem Spurt stellen kann.

Nun hält ihn zwar meistens seine in Jahrtausenden gefestigte friedlich-freundliche Einstellung zu uns Menschen davon ab, den erbeuteten Jogger ernsthaft als Beute zu betrachten und so zu behandeln, aber richtig angebellt wird der gestellte Mensch häufig und manchmal auch ins Bein gezwickt.

So verständlich dieses Verhalten ist, wenn man aus Hundesicht guckt, so untragbar ist es für die betroffenen Jogger! Fangen Sie nun bitte nicht an, auf die Jogger zu schimpfen oder ihnen Verhaltensmaßregeln zu erteilen wie z.B. *„Können Sie nicht mal langsam gehen, wenn Sie einen Hund sehen?!"* oder *„Stellen Sie sich nicht so an, der will Ihnen gar nichts tun!"* oder *„Laufen Sie doch woanders!"* usw.

Wenn solche Äußerungen auch von Ihnen kommen könnten, dann versuchen Sie, Ihre Einstellung zu verändern, und erziehen Sie Ihren Hund, denn bei Ihnen beiden liegt das Problem.

Fangen Sie aber nicht schon bei einem jungen Hund, der sich augenscheinlich gar nicht um den Jogger kümmert, mit der Erziehung an. Reden Sie mit einem Hund, der Jogger nicht interessant findet, am besten gar nicht über dieses Thema, sonst erreichen Sie genau das, was Sie nicht wollen: Sie machen ihn darauf aufmerksam, und er spürt schnell, dass an diesen Typen was dran sein muss. Wir selbst müssen einfach lernen, dass unser Hund, wenn wir die richtige Rasse für unsere Bedürfnisse und unseren Lebensraum gewählt haben, viele wünschenswerten Verhaltensweisen mitbringt. Er entwickelt sich am besten, wenn wir nicht dauernd auf ihn einwirken, weil wir meinen, dass er nur dadurch etwas lernt. Ich selbst habe mein ganzes Leben lang mit den verschiedensten Hunden (Jagdhunde, Gesellschaftshunde, Herdentreib-hunde, Hauswächter, Windhundtyen) zusammengelebt, meistens mit zwei Hunden. Noch nie hat einer einen Jogger (Radfahrer, rennende Kinder ...) verfolgt und belästigt und das, obwohl (weil!?) ich Jogger als etwas ganz Selbstverständliches, Normales nicht weiter beachtet habe. Wie auch immer: Fest steht, dass Jogger für meine Hunde nie ein Thema waren.

Wenn er aber gierig und unaufhaltsam hinter jedem schnell beweglichen Objekt – sei es ein Jogger, ein rennendes Kind, ein Radfahrer o.ä. – hersprintet, dann sind wir gefordert. Ist unser ‚Joggerschreck' noch ein Welpe oder Junghund von harmlosem Erscheinungsbild, können wir es wieder mit Ablenkung durch ein lustvolles Spiel versuchen: Wegrennen, mit ihm um die Wette an einem Spielzeug ziehen, also etwas tun, was er noch toller findet, als hinter Joggern herzulaufen. Vielleicht können wir im Spiel sogar dicht am Jogger vorbeigehen, ohne dass der Welpe z.B. das Spielzeug loslässt.

Wenn der Welpe noch alle Kennzeichen des Hundekindes trägt und auch der hundeunerfahrene Jogger erkennen kann, dass er ein Kind ist, können wir riskieren, dass unsere Erziehung im Spiel einmal nicht klappt und der Kleine doch hinterher rennt. Das sollten wir möglichst übersehen. Wenn wir nämlich laut und scharf hinter ihm herrufen, wird er wahrscheinlich nicht gehorchen, und wir riskieren, dass er lernt: *„Frauchen ist noch da, ich höre sie ja. Sie scheint genauso aufgeregt zu sein wie ich! Wenn ich nach getaner Freude wieder zu ihr komme, wird sie sich auch freuen, und alles ist o.k.“*

Und der Jogger merkt natürlich auch, dass wir erfolglos rufen, und bekommt es vielleicht schon deswegen mit der Angst. Wir sollten besser zu dem Jogger hingehen, uns entschuldigen und ihm erklären, dass der Hund noch jung ist und wir uns alle

Mühe geben, ihm diese Unsitte abzugewöhnen. Schimpfen Sie nicht mit dem Jogger, nur weil Sie sich über Ihren Hund und Ihren erfolglosen Erziehungsversuch ärgern! Wenn Ihr Hundekind besonders niedlich und harmlos aussieht, z.B. im blonden Teddylook angehopst kommt, haben Sie es leichter als viele andere Hundehalter.

Wenn Ihr Hund schon erwachsener und damit bedrohlicher für den Jogger ist – auch wenn er einer kleinen Rasse angehört, die dafür meistens flinker und wendiger ist und womöglich auch noch schwarz ist, also ein ‚kleines Teufelchen‘ –, dann müssen Sie konsequent an der Leine üben. Suchen Sie bewusst ‚Jogger-Gebiete‘ auf und lassen Sie Ihren Hund an lockerer Leine ‚Bei Fuß‘ gehen, sobald ein Jogger auftaucht. Schimpfen Sie möglichst wenig, wenn er hinterher will. Sagen Sie ihm ruhig *„Nein, Anton“*, und versuchen Sie in dieser Situation mit solchen Befehlen bei ihm ‚durchzukommen‘, die er in Normalsituationen sicher beherrscht, wie Sitz, Platz, Warte oder was er in dieser Richtung eben kann.

Wenn wir in solchen Konfliktsituationen mit ihm schimpfen, kann es wieder passieren, dass er lernt: Immer wenn Jogger auftauchen, schimpfen meine Leute mit mir! Es ist logisch, dass er Jogger durch diese Erkenntnis nicht sympathischer findet. Deshalb müssen Sie ihm die Möglichkeit geben, in solchen Stress-Situationen, die immer entstehen, wenn Mensch und Hund ganz unterschiedlicher Meinung sind, etwas richtig zu machen, damit Sie ihn loben können. Und Sie müssen, da Sie ja Vorbildfunktion für Ihren Hund haben, die Ruhe bewahren. Er orientiert sich nicht so sehr an unseren Worten, sondern vorwiegend an unserem ganzen Verhalten.

Wenn Sie den Eindruck gewinnen, dass Ihre Erziehungsarbeit Erfolg zeigt, testen Sie ihn zunächst an einer langen, dünnen, möglichst unauffälligen Leine (Schleppleine), denn viele Hunde ‚vergessen‘ schnell, was sie gelernt haben, wenn sie weiter von ihrem Besitzer entfernt sind und sich frei fühlen. Und gerade bei schwierigen Übungen sollten wir durch die Leine unseren ‚langen Arm' beweisen können, indem wir den Hund mit einem deutlichen Ruck in seinem Lauf stoppen, wenn er auf unseren Befehl nicht reagiert. Wenn er durch den entschlossenen Ruck unmissverständlich aufgefordert zu Ihnen kommt, müssen Sie ihn natürlich loben.

---

**Umgang mit dem Jäger**

Alle gesunden Hunde rennen gern hinter beweglichen Objekten her. Die einen mehr aus Spielfreude, die anderen aus ernsthafter Jagdgier. Die verspielten Typen sind leicht auf geeignete ‚Ersatzbeute' wie Bälle, Kongs o.ä. umzuprogrammieren.

---

Manche Ausbilder beweisen den Hunden leider immer noch ihre Fernwirkung durch den Einsatz von elektrischen Strafreizen. Zu diesem Zweck gibt es Halsbänder, die dem Hund ferngesteuert bei unerwünschtem Verhalten einen Schlag versetzen, der in seiner Stärke reguliert werden kann. Diese höchst problematischen Hilfsmittel sind verboten. Sie können großen Schaden anrichten und den damit gequälten Hund total verunsichern. Nehmen Sie an, Ihr Hund wird gerade in dem Moment von einem Stromschlag getroffen, wenn irgendwo zufällig ein Auto hupt. Dann ist durchaus denkbar, dass er die beiden Ereignisse verknüpft und von da an für den Rest seines Lebens in Panik wegrennt, wenn ein Auto hupt. Bitte, akzeptieren Sie lieber, dass Sie in der Erziehung Ihres Hundes nicht alles hinbekommen, als dass Sie als letztes Mittel, weil er einfach nicht hören will, zu so bösen Methoden greifen.

**umweltverträglicher Hund**

- liebevolle, konsequente Erziehung
- Verständnis für seine Bedürfnisse
- enger Kontakt zur Züchterfamilie
- regelmäßige freie Kontakte
  mit anderen Hunden
- friedliche Erziehungsziele des Besitzers
- Vertrauen in den Menschen
- regelmäßige lange Spaziergänge
- ausgefüllter Tagesablauf
  mit Aufgaben
- rechtzeitiger Wechsel zu
  den späteren Besitzern
- hohe Reizschwelle
- Wurfgeschwister

- kein Jagdtrieb
- Familienanschluss
- friedliche Rasse
- Besitzer mit Umweltbewußtsein
- fördernde Umweltreize
- normales, friedliches
  Sozialverhalten der Mutter
- Welpen - und Junghundspielstunden
- Hilfe durch gute Hundeschulen

**Geburt**

- besonders dominantes
  oder ängstliches Tier
- Langeweile, keine sinnvollen
  Aufgaben
- isolierte, reizarme Zwingeraufzucht
- "Schnäppchenwelpe" vom
  Grabbeltisch
- Flaschenaufzucht durch Menschen
- Aufzucht ohne Wurfgeschwister
- Krankheiten
- vom Menschen isolierte Haltung
- langes Alleinsein

- Prügel, Schläge
- Besitz und Gebrauch
  des Hundes als Waffe
- Erziehung mit Härte
  und Launenhaftigkeit
- niedrige Reizschwelle
- schlechte Erfahrungen
  mit Menschen und Hunden
- häufiger Besitzerwechsel
- verhaltensgestörte Mutter
- auf Verteidigungsbereitschaft
  und Zupacken gezüchtete Rasse
- Rücksichtslosigkeit des Besitzers
  gegenüber Mensch und Tier

**Problemhund**

# Unser Hund und ungewöhnliche Menschen

Hunde beobachten ihre Umwelt genau, und sie lernen schnell, wie Menschen normalerweise aussehen und sich benehmen: Wie sie sprechen und sich bewegen. Besonders junge Hunde empfinden ungewöhnliche Gestalten oft als unheimlich. Das kann das erste Schulkind mit einem Ranzen auf dem Rücken sein, das ihnen begegnet oder der erste Schlittenfahrer.

Als Basko einmal ein ‚Ungeheuer' am Straßenrand entdeckte, weigerte er sich entschieden, daran vorbeizugehen. Es war übrigens nur ein altes Jackett, das jemand über einen Straßenpfeiler gehängt hatte.

Zerren Sie Ihren Hund nicht an etwas heran, was ihm Angst macht, und schimpfen Sie auch nicht mit ihm. Nehmen Sie einfach selber Kontakt mit der Ursache seiner Ängste auf. Er wird Ihren Mut bewundern, und die Neugier wird ihn bald auch herankommen lassen. Die nächsten Begegnungen mit ähnlich unheimlichen Gestalten werden ihn viel weniger beunruhigen.

Viele Hunde reagieren sehr verunsichert auf Menschen, die sich ungewöhnlich verhalten: Behinderte mit spastischen Lähmungen z.B. werden von ansonsten friedlichen Hunden häufig angeknurrt und angebellt, vielleicht sogar drohend umkreist. Hunde reagieren oft mit Drohverhalten, wenn sie unsicher sind, nach dem Motto: ‚Angriff ist die beste Verteidigung'.

Es wäre völlig falsch anzunehmen, dass Hunde eine Abneigung gegen diese Menschen haben. Ihnen fehlt einfach die Erfahrung im Umgang mit ihnen – wie uns häufig auch! Das sollten wir uns klarmachen und vor allem auch den behinderten Menschen erklären, die durch unseren Hund erschreckt werden. Suchen Sie auf alle Fälle den Kontakt zu den Behinderten, und rufen Sie nicht nur ärgerlich Ihren Hund zu sich, weil Sie selbst verunsichert und peinlich berührt sind, weil Ihr Hund sich so daneben benommen hat. Das aufgeschlossene Gespräch mit Menschen, die durch unseren Hund belästigt werden, ist der beste Weg, zur Verständigung beizutragen.

Ihr Hund lernt am einfachsten, mit Behinderten unbefangen umzugehen, wenn er oft Kontakt mit ihnen hat und sich an ihre andersartigen Bewegungen und ihre andere Sprache gewöhnt. Hunde, die oft mit Betrunkenen zu tun haben, können sich auch auf dieses veränderte Verhalten einstellen.

---

**Richtig vorbereiten**

Menschen, die ungewöhnlich aussehen, sich anders bewegen und verhalten als die Menschen, denen unser Hund täglich begegnet, machen viele, insbesondere junge Hunde misstrauisch. Heftiges Bellen, Knurren und Umkreisen sind häufige Reaktionen, die bei den so Attackierten verständlicherweise Ängste wecken. Wiederholte Begegnungen und damit verbundene positive Erfahrungen bereits im Welpenalter sind der beste Weg, unserem Hund diese Mitmenschen vertraut zu machen: Kennenlernen – positive Erfahrungen machen – akzeptieren; das ist ein guter Weg.

---

Wir sollten immer wieder daran denken: Freund Hund ist äußerst sensibel und lernbereit. Er will es uns recht machen. Wir müssen ihn nur fordern, ohne ihn zu überfordern und zu entmutigen. Wenn er einmal etwas absolut nicht lernen ‚will‘, liegt es vielleicht gar nicht an ihm, sondern an unserer Ungeschicklichkeit, ihm unsere Wünsche verständlich zu machen.

# Unser Hund macht sich selbständig

Leider passiert es manchmal, dass der Hund und sein Mensch sich bei einem Spaziergang aus den Augen verlieren und nicht wieder finden. Schon in Ihrem eigenen Interesse sollte Ihr Hund immer, wenn er frei läuft, am Halsband einen Anhänger mit Ihrer Telefonnummer tragen. Auch wenn Ihr Hund einen Chip implantiert hat und bei TASSO registriert ist, kann ein Finder Sie viel schneller ausfindig machen, wenn er Ihre Telefonnummer hat.

Diese ‚Identifikationsplakette' kann aber auch für Ihre Mitmenschen sehr hilfreich sein, wenn Ihr Hund in einen Verkehrsunfall verwickelt wird und es um die Schadensregulierung geht. Allerdings kann der Hund, der alleine unterwegs ist, nur ‚belangt' werden, wenn er dabei verletzt oder tot liegen bleibt, denn sonst wird er in Panik wegrennen. Er begeht Unfallflucht, und die Unfallbeteiligten können ihre Schadensforderungen nirgends geltend machen. Dabei würde Ihre Hunde-Haftpflichtversicherung solche Kosten tragen, und eine Haftpflichtversicherung sollte heute für jeden Hundebesitzer eine Selbstverständlichkeit sein! Mancherorts ist sie Pflicht.

Wenn unser Hund uns aus einem unvorhersehbaren Anlass wegläuft, ist das schlimm, und es kann traurige Folgen haben. Wenn wir unseren Hund aus Zeitmangel oder wegen fehlender Aufsicht ohne Begleitung ‚stromern' lassen, ist das eine Rücksichtslosigkeit unseren Mitmenschen gegenüber! So verkehrssicher und friedlich zu Mensch und Tier ist kein Hund, dass nicht etwas Unvorhergesehenes passieren könnte.

Der heutige Straßenverkehr überfordert fast jeden Hund!

**Sicherheit für Hund und Mensch**

Ein implantierter Mikrochip zur Identifikation, eine Plakette mit Namen und Telefonnummer (im Urlaub zusätzlich mit der Ferienanschrift!) und eine umfassende Haftpflichtversicherung sind ein Muss für jeden Hund. Diese Kennzeichnung und Absicherung entheben uns nicht der Aufsichtspflicht. Wenn wir befürchten müssen, dass unser Hund uns unterwegs wegläuft, gehört er an die Leine.

# Unser Hund und das ‚jagdbare Wild‘

Plötzlich sitzt es da, das kleine Kaninchen, und unser Hund spürt auf einmal in sich, was seine wölfischen Vorfahren schon vor 15000 Jahren spürten: den Jagdtrieb. Und schon saust er los. Viele Hundebesitzer sehen dieses Verhalten leider allzu locker (wenn keine gefährliche Straße in der Nähe ist!) und erklären es beschwichtigend mit dem Hinweis: *„Der erwischt sowieso nichts!“*

Das stimmt zwar häufig, nicht immer, nur ist es keinem frei lebenden Tier in unserer dichtbesiedelten Umwelt zumutbar, Tag für Tag mehrmals aufgescheucht und durch die Gegend gehetzt zu werden, nur damit unsere Hunde zu ihrem Vergnügen kommen. Und wir gehen sträflich blind durch die Gegend, wenn wir nicht erkennen, dass die Wildtiere dadurch erheblichen Schaden nehmen. Sie können ihre Jungen nicht in Ruhe großziehen, können nicht in Ruhe fressen und schlafen, laufen in ihrer Panik in Stacheldrahtzäune oder vor Autos, und sie verbrauchen dadurch im Winter ihre Fettreserven, die sie dringend brauchen.

Außerdem weiß ich, dass viele Hunde doch etwas erwischen. Unser Eurasier, Mitglied einer Rasse mit sehr zurückgezüchtetem Jagdtrieb, hat an der Leine (!) bereits zwei Kaninchen – ein erwachsenes, gesundes und ein junges – erwischt und sofort erbissen, außerdem zwei Ratten (erwachsen), mehrere Maulwürfe und unzählige Mäuse. Auch einen jungen Feldhasen hat er als Welpe (vier Monate) am Wegrand entdeckt und versucht, ihn mit dem Mäusesprung seiner wilden Ahnen totzuspringen. Zum Glück war Basko damals noch leicht und wie üblich in Gebieten mit Wild an der Leine, so dass der kleine Hase entkommen konnte und hoffentlich unverletzt von seiner Mutter wieder gefunden und angenommen wurde, die er als Säugling noch zum Überleben brauchte.

Abb.19 und Abb. 20: Plötzlich sitzt er da. Und wenn er erst mal rennt, gibt es für viele Hunde kein Halten mehr.

Eine leichte Beute sind für frei herumstöbernde Hunde auch die lange Zeit flugunfähigen Küken von Fasanen, Rebhühnern, Kiebitzen sowie die Gelege von Wildenten.

Keiner sollte sich einen Hund halten, der nicht Tierfreund genug ist, Rücksicht auf die anderen Tiere zu nehmen. In Gebieten mit Wild gehören Hunde mit ‚nicht oder schwer abrufbarem Jagdtrieb' konsequent an die Leine, d.h. alle die, die nicht zuverlässig immer (!) auf Ruf oder Pfiff zurückkommen, wenn sie hinter irgendeinem Wild oder einer Spur her sind. Wenn wir ehrlich sind, sind das sehr viele!

Und wer weiß von seinem Hund schon, welches Ausmaß an Jagdlust in ihm steckt, bevor ‚es' das erste Mal passiert ist? Man steht schon sehr hilflos da, wenn Freund Hund auf einmal mit einem eigenartig fremden, gierigen Gesichtsausdruck im Unterholz verschwindet, man es noch kurze Zeit knacken und rascheln hört, und er dann weg ist. Vielleicht hört man auch noch ein sich schnell entfernendes helles Jaulen, ‚Spurlaut geben' nennen das die Jäger, und dann ist Ruhe.

Meistens (!) kommt er nach 10 bis 30 Minuten völlig abgehetzt auf seiner eigenen Spur wieder zurück und ‚strahlt übers ganze Gesicht'. Schimpfen dürfen wir jetzt natürlich nicht mit ihm, das würde er ja nur auf seine Rückkehr beziehen. Außerdem sind wir natürlich heilfroh, ihn wiederzuhaben! Haben wir ihn doch in diesen endlosen Minuten, in denen wir nichts Besseres tun konnten, als uns nicht von der Stelle zu rühren, schon unterm Auto, an der Kehle eines Rehs, von einer Jägerkugel getroffen oder hilflos verirrt gesehen.

Machen wir uns nichts vor, solche Erlebnisse gefallen unserem Hund ausnehmend gut, selbst wenn er nichts erbeutet. Es sind für ihn so genannte Schlüsselerlebnisse, die ihn prägen, d.h. sein weiteres Verhalten entscheidend mitbestimmen. Wenn das nächste Mal seine Jagdlust geweckt wird, hält ihn kein noch so verlockender Leckerbissen und meist auch kein Befehl, nur eine gute Leine.

Mein Großvater – ein begeisterter Hobbyjäger – sagte mit Überzeugung: *„Ein Jagdhund, der einmal gewildert hat, ist versaut!"*

Die Jäger stehen im Ruf, nicht zimperlich im Aussortieren von vierbeinigen Jagdgehilfen zu sein, die unerwünschte Eigeninitiative entwickeln. Wie schwer selbst Jäger mit dem unregulierbaren Jagdtrieb ihrer Hunde fertig werden, sieht man an ihrer Findigkeit beim Einsatz von Erziehungshilfen: Die schon erwähnten Halsbänder, die bei Bedarf elektrische Strafreize abgeben, werden bei einigen von ihnen in der Erziehungsphase offenbar noch benutzt – leider!

Nun verfügen normale Hundehalter selten über so große Ferneinwirkung auf ihren Hund, deshalb gehören alle Hunde, die im Wald gern vom rechten Weg abkommen, an die Leine. Rechnen Sie sich einmal aus, wie oft Wild gestört wird, wenn jeder Hund im Durchschnitt nur einmal wildert und seine Besitzer erst dann die Konsequenz ziehen, dass er an die Leine muss.

Und halten Sie sich immer vor Augen: Wenn Ihr Hund jagt, ist das etwas ganz Natürliches für ihn. Er kennt kein Mitleid mit dem niedlichen Kitz und verbeißt sich in ihm, er schüttelt ohne Skrupel die Wirbelsäule des Hasen kaputt und er kaut mit Begeisterung auf einem Kaninchen oder einer Maus herum. Wenn er ein einigermaßen natürlicher Hund ist, trägt er dieses Verhalten tief in sich. Es ist ein Instinktverhalten, das über viele Jahrtausende für seine Vorfahren überlebenswichtig war. Ein schlechtes Gewissen kennt er nicht, wenn er getötet hat. Wenn *Sie* aber Ihren Hund hetzen und jagen lassen – und sei es auch ‚nur' ein Karnickel – ist das schlimm. Sie entpuppen sich dann nämlich als rücksichtsloser Tierquäler, der bedrohlich in den Lebensraum anderer Tiere eingreift – zur Verlustierung seines Hundes.

**Abb. 21:**
**Letztlich ist der Hütetrieb ein Jagdtrieb ohne finalen Tötungsbiss. Dieser Bursche hält sich nur mühsam zurück.**

**Abb. 22:**
**Auch Hütehunde schnappen zu. Blutige Hacken und Lippen verschaffen**
**Respekt.**

Sollte Sie der Schaden, den Ihr Hund unter Wildtieren anrichtet, nicht davon abhalten, ihn frei umherstöbern zu lassen, dann tut es vielleicht dieser Hinweis: Jährlich werden in Deutschland sehr viele Hunde und Katzen von Jägern erschossen, weil sie unbeaufsichtigt umherlaufen. Genaue Zahlen gibt es nicht, weil in der Mehrzahl der Bundesländer gar keine Statistiken existieren. Verschiedene Organisationen schätzen die Zahl getöteter Hunde auf bis zu 40.000 und jene getöteter Katzen auf bis zu 400.000 im Jahr, was von Jägern bestritten wird (Wikipedia). Wenn man auch nur von der Hälfte ausgeht, heißt das, täglich werden über 50 Hunde erschossen. Eine erschreckende Zahl!

Gerade beim Jagdtrieb müssen unsere Hunde große Zugeständnisse an uns Menschen machen. Deshalb ist es in der Hundezucht durchaus sinnvoll, wenngleich auch sehr schwer, den Jagdtrieb wegzuzüchten oder zumindest abzuschwächen. Was manchen erstaunen wird, mit dem Jagdtrieb eines Jagdhundes ist oft leichter umzugehen als z.B. mit dem Jagdtrieb eines Herdenschutzhundes, weil der Jagdhundtyp in der Regel leichtführiger ist. Ein sturer, eigenständiger Hund mit starkem Jagdtrieb ist da das größere Problem.

Wenn Ihr Jäger eine Spielernatur ist, schaffen Sie ihm eine Ersatzbefriedigung durch regelmäßiges Apportieren!

**Abb. 23: Apportieren – die Chance, ursprüngliche Gelüste auszuleben.**

Wenn Ihr Jäger ein Windhund ist, also ein Jäger, der auf Sicht hetzt, dann gibt es für ihn die tolle Chance, auf der Rennbahn hinter einem Fell herzujagen. Nicht Ihr Ehrgeiz, einen Rennsieger hervorzubringen, sollte Sie zur Rennbahn locken, sondern der Wunsch, dem Hund eine bedürfnisgerechte Betätigung zu ermöglichen! Ansonsten bieten Sie ihm doch zumindest die kleine Freiheit an einer langen Leine.

Sollte Ihr Hund etwas erbeutet haben, ist die Verantwortung bei Ihnen! Reißen Sie ihn nicht von einem schon verletzten Beutetier weg! Insbesondere bei kleinen Beutetieren ist es besser, ihn die Beute ganz töten zu lassen. Oder bringen Sie es fertig, einen todwunden jungen Hasen zu töten? Ein verletztes Wild, das mit letzter Kraft wegläuft, muss sich oft lange quälen, bis es verendet. Es hat fast keine Überlebenschance.

Gerade Hundehalter lästern oft über das Verhalten von Jägern. Wenn diese allerdings ein verletztes Tier in ihrem Revier vermuten – sei es durch die Jagd oder einen Unfall –, ist die Nachsuche, und wenn nötig, der Gnaden- bzw. Fangschuss selbstverständlich. Informieren Sie deshalb den Revierbesitzer oder die zuständige Polizei, wenn Ihr Hund z.B. ein Reh erwischt und mit großer Wahrscheinlichkeit ernsthaft verletzt hat, auch wenn Sie dadurch eingestehen müssen, dass Sie sich im Wald falsch verhalten haben. Die Hoffnung, dem verletzten Tier zu helfen, sollte Ihnen Mut machen. (Helfen heißt allerdings: Töten.) Natürlich ist in der Einsamkeit der Natur, wo es meistens keine Zeugen gibt, der innere Schweinehund stark, der einem rät: „Nichts wie weg!"

Viele kleine Hunderassen, die schon lange als Gesellschaftshunde gehalten werden, sind zum Glück kaum noch hinter Wild her. Sie nehmen Kaninchen, Küken und ähnliches eher als Spielpartner wahr, was nicht ausschließt, dass sie es beunruhigen können. Welches Wildkaninchen spielt schon gerne mit einem Hund!

An Seen und Teichen ist der Hund bereits eine massive Störung, wenn er Wassergeflügel aufscheucht, das sich am Ufer ausruht. Wenn er dann auch noch hinterher schwimmt, wird es ganz schlimm. Ob er es nur aus Spiel- oder Jagdtrieb tut, ist dabei unerheblich. Auch dass er selten etwas erwischt, ist keine Entschuldigung.

---

**Rücksicht nehmen**

Unser Hund darf sich nicht auf Kosten des Wildes vergnügen.

Wir sind für ihn verantwortlich und müssen ihn verlässlich an solchen Aktivitäten hindern, sonst verhalten wir uns sträflich rücksichtslos.

---

**Abb. 24:**
**Spielzeug ist die ideale Ersatzbeute. Die Stimmung solcher Momente spüren wir Menschen wohl eher.**

**Abb. 25: Apportieren aus dem Wasser ist gelenkschonend.**

**Gutes Benehmen gegenüber Vögeln**

Enten, Schwäne etc. ruhen sich meist an ihren Stammplätzen aus. Rufen Sie dort Ihren Hund rechtzeitig heran, und lassen Sie ihn ‚Bei Fuß' gehen. Wenn er Ihnen dabei leicht entwischt und zum Wasser strebt, sollten Sie ihn an die (lockere) Leine nehmen und entschlossen zurechtweisen (barsche Stimme, deutlicher Ruck an der Leine, Griff ins Nackenfell). Bedenken Sie: Jede lustbetonte Jagd macht ihn gieriger

Heilsam, allerdings auch nicht ungefährlich kann es für Ihren Hund sein, wenn er an einen Schwan gerät, der ihm eine Straflektion erteilt. Einem Hund, der einmal vom Schnabel und den Flügeln eines so starken Vogels traktiert und womöglich unter Wasser gedrückt worden ist, vergeht wahrscheinlich die Lust am Vögelscheuchen.

An diesem Beispiel wird deutlich, dass die Erziehungsmaßnahme nicht von uns kommen muss, ganz im Gegenteil. Wenn ein Hund z.B. bei der Verfolgung eines Kaninchens in einen Stacheldrahtzaun rennt und sich wehtut, ist auch das eine Erfahrung, die ihn erzieht. Im optimalen Fall folgert er daraus, dass ihm das Kaninchen weh getan hat.

Es kann aber auch passieren, das gleichzeitig ein Kind etwas ruft, und er von da an Panik vor lauten Kindern hat ...

# Wie Hund und Katze

**Abb. 26: Die Höhe gibt Sicherheit.**

Durch die unterschiedliche Körpersprache, die ihnen eigen ist, verstehen sich Hund und Katze häufig falsch. Sie können es aber lernen, die Sprache des andersartigen zu verstehen und friedlich oder sogar freundschaftlich zusammen zu leben. Das geht umso einfacher, je weniger schlechte Erfahrungen mit der anderen Art die ungleichen Partner mitbringen. Allerdings verhalten sich schon Welpen ohne Vorerfahrungen bei ihrer ersten Begegnung mit einer Katze sehr unterschiedlich: Der eine will sofort mit ihr spielen, der andere will sie beißen.

Unser Boston-Terrier-Rüde war lange mit einer Katze befreundet. Vielleicht war bei dieser Beziehung wichtig, dass Katze und Hund in etwa gleich groß waren. Unser großer Eurasier dagegen hatte nie Chancen bei Katzen. Er ging anfangs neugierig und ohne sichtbare Aggressionen auf sie zu, bekam aber mehrmals mit schneller Pfote eine gelangt, bevor er wusste, wie ihm geschah. Diese schmerzhaften Erfahrungen haben ihn gegenüber Katzen vorsichtig und zurückhaltend gemacht, zumindest solange sie ihm gegenüberstehen, ihn anfauchen und Imponierhaltung einnehmen. Sobald sie jedoch weglaufen, möchte er gerne hinterher... Aber als gut erzogener Hund ...

Wenn Ihr Hund ein Katzenfreund ist, müssen Sie an ihm in dieser Beziehung nicht herumerziehen. Sollte Ihr Hund aber Katzen nicht leiden können und auf sie los-gehen, braucht er Erziehung.

Leider gibt es auch in unserer Zeit noch Menschen, für die eine Katze nichts wert ist. Sie haben vielleicht etwas von den neun Leben einer Katze gehört und meinen, dass man ihr einiges antun kann, ohne ein schlechtes Gewissen zu haben. In den Katzenhäusern der Tierheime merkt man schnell, dass die ‚gewöhnliche Hauskatze‘ zu den Wegwerfartikeln gehört. Es soll auch immer noch Menschen geben, die sich freuen, wenn Ihr Hund eine Katze ‚wegputzt‘, sie also erbeißt, und die ihn zu allem Überfluss noch ermuntern, eine Katze zu jagen.

Wenn wir uns mit Recht Tierfreunde nennen wollen, dann muss uns das Leben einer fremden Katze genauso wichtig sein wie das unseres Hundes.

**Abb. 27:**
**Ob diese ‚Hundefreundin‘ weiß, dass der Gaywolf-Kragen an ihrer Jacke das Fell eines Hundes ist? So trägt sie Hund im Arm und als Kragen ...**

Wir dürfen uns nicht darauf verlassen, dass jede verfolgte Katze schon einen Baum finden wird, um sich darauf in Sicherheit zu bringen.

**Abb. 28: Zu gern würde er hinter Katzen und Eichhörnchen herklettern.**

Wenn wir Katzen mögen, werden wir auch die Energie aufbringen, unserem Hund klarzumachen, dass er ihnen nichts tun darf. Ich kenne z.B. in der Nachbarschaft eine graue Katze mit dem sinnigen Namen Mausi. Wenn ich mit Basko an ihrem Grundstück vorbeikomme, erscheint sie häufig und möchte gestreichelt werden. Basko hat gelernt, währenddessen artig in ca. zwei Meter Abstand ‚Sitz' zu machen. Allerdings guckt er demonstrativ weg, wahrscheinlich ist mein Tun für ihn so einfacher zu ertragen, nach dem Motto: „Was ich nicht weiß, macht mich nicht heiß".

Nehmen Sie also, wenn möglich, Kontakt zu Katzen auf, und zeigen Sie Ihrem Hund dabei, was Sie von ihm erwarten. Vergessen Sie nicht, ihn zu loben, wenn er sich ‚beherrscht‘ hat.

Wenn er eine Katze sieht und hinterher will, haben wir wieder in etwa das Joggerproblem. Nur taucht eine Katze meistens noch überraschender als ein Jogger auf, und unser Hund bemerkt sie häufig schon lange vor uns.

Man kann z.B. gegen Abend in Katzengebieten mit ihm üben. Dazu nehmen wir ihn an die Leine. Ein zusätzliches Kopfhalfter, ein sog. Halti, kann sinnvoll sein, wenn der Hund viel Kraft und Schwung hat. Damit können wir ihn leichter auf uns konzentrieren und durch attraktive Angebote ablenken. Allerdings sind viele Hunde so gierig auf ihre potentielle Beute fixiert, dass sie uns kaum noch wahrnehmen und deshalb auch nicht schnell lernen. In solchen Situationen sind allgemeine Gehorsamsübungen sinnvoll, wie ‚Sitz‘, ‚Platz‘, ‚Fuß‘.

Viele schwierige Übungen klappen nur, wenn der Hund im Alltag klar die Leithund-stellung seiner Menschen akzeptiert. Hier ist unsere Persönlichkeit gefragt, nicht das Leckerli!

# Begegnung mit Haustieren

**Abb. 29:**
**Weidetiere gehen entspannt mit angeleinten Hunden um.**
**Auch ein Gehegezaun gibt ihnen Sicherheit.**
**Diese Ziegen streben weg. Ein einziger Hund kann großen Schaden anrichten.**

In Gebieten mit Schafen (Deiche, Dünenlandschaften, Heidegebiete) gehören Hunde immer an die Leine. Wenn Schafe nicht durch Hütehunde beschützt werden, neigen sie zu panischer Massenflucht – wie andere Herdentiere auch. Im anderen Fall ginge es mit Recht unserem Hund sehr schlecht, denn mit einem Hund, der sich für seine Herde verantwortlich fühlt, ist nicht zu spaßen ...!

Ein Hund, der Pferde verbellt, bringt nicht nur sich selbst in Lebensgefahr, sondern gefährdet vor allem auch die Reiter. Pferde sind nun einmal schreckhafte ‚Fluchttiere', die durch so einen Schreck durchgehen und ihren Reiter abwerfen können. Mit schlimmen Folgen.

Hunde, die mit Pferden aufwachsen, verhalten sich ihnen gegenüber im Allgemeinen richtig, aber auch die muss man zu sich rufen, wenn ein fremder Reiter auftaucht, denn längst nicht jedes Pferd ist an Hunde gewöhnt.

Es läuft immer wieder darauf hinaus: Unseren Hund können wir mit gutem Gewissen nur dann frei laufen lassen, wenn er bestimmte Befehle zuverlässig, also auch dann, wenn es drauf ankommt, befolgt. Am wichtigsten ist, dass er in wirklich jeder Situation auf unseren Ruf hin zuverlässig zu uns kommt. Wenn wir unseren Hund dann bei uns haben, ergibt sich das Weitere je nach Situation von selbst. Leider gehört aber gerade das Heranrufen des freilaufenden Hundes zu den schwierigen Gehorsamsübungen, was aus den vorangegangenen Beispielen schon deutlich wurde.

---

**„Halt!" statt „Hier!"**

Manche Hunde tun sich sehr schwer mit dem Zurückkommen zu ihrem Menschen, wenn sie etwas Interessantes entdeckt haben. Wenn man bei diesen Hunden wenigstens erreicht, dass sie auf „Halt" hin stehen bleiben, bis wir bei ihnen sind oder das Objekt ihrer Lust wieder weg ist, ist auch das ein akzeptabler Erfolg. Selbständige Typen wie Chow-Chows, Eurasier, Beagle reagieren deutlich besser auf „Halt" als auf den Rückruf.

Voraussetzung für das Freilaufen ist, dass wir unseren Hund in seinem Vorwärtsdrang zumindest stoppen können. Besser ist es allerdings, wenn er sich verlässlich zurückrufen lässt.

Bei der Anschaffung eines Hundes sollten wir uns bewusst machen, dass die freien Entfaltungsmöglichkeiten für Hunde immer geringer werden. Deshalb sollten wir nach einem Hundetyp suchen, den wir mit wenig glücklich machen können.

---

**Abb. 30:**
Der Ton gegenüber Hundehaltern ist vielerorts unfreundlich geworden …

**Abb. 31:**
… und Hundehalter reagieren oft gereizt …

# Unser Hund und andere Hunde

**Abb. 32: Begegnung im Auslaufgebiet.**

# Verständigungsschwierigkeiten

Manche Äußerungen von Hundehalter zu Hundehalter sollen witzig sein. Bei anderen wird aus der Verachtung der Bedürfnisse des Gegenübers kein Hehl gemacht. Dienlich für das friedliche Miteinander der verschiedenen Hundehalter sind sie allesamt nicht. Insbesondere die Besitzer großer Hunde spielen häufig das Machtgefühl, das ihnen ihr Hund vermittelt, auf üble Weise aus. Besonders konfliktgeladen ist die Situation, wenn es zu einer Begegnung zwischen einem großen freilaufenden und einem angeleinten – oft kleineren – Hund kommt. Dann beobachte ich häufig rücksichtsloses Imponiergehabe von Hund und Halter auf der einen Seite und hilflose Angst auf der anderen.

Was Trumler und Ziemen den Hundeinteressierten deutlich gemacht haben, ist ohne Zweifel richtig: Der freilaufende Hund ist der friedlichste Hund. Die Leine fördert Aggressionen. Viele Hundehalter haben daraus für sich übernommen: *„Ich lasse meinen Hund einfach laufen. Das ist für ihn das Beste, und dabei passiert mit anderen Hunden schon nichts. Rückendeckung habe ich durch anerkannte Hundefachleute."* Überzeugend, oder?

Leider ist aber ein Pferdefuß dabei: Nur ein Hund, der normale Anlagen hat, der vom Welpenalter an regelmäßig den freien, gleichzeitig überwachten und gegebenenfalls beeinflussten friedlichen Umgang mit anderen Hunden üben konnte und der nicht durch falsche Erziehung oder schlimme Erfahrungen mit verhaltensgestörten Hunden verdorben ist, kommt in der Regel als freier Hund unter freien, gleich gearteten Hunden problemlos klar.

Aber eben auch nur in der Regel. Züchtern ist es gelungen, vom 2-Pfund-Winzling bis zum 1,5-Zentner-Riesen alles ‚hinzukriegen‘. Selbst wenn wir Extremzüchtungen außer Acht lassen: Ein halbstarker Boxer, der freundschaftlich mit seiner Pfote nach einem Zwergpudel tapst, kann dem schon das Rückgrat brechen. Dabei wollte der Boxer ihn doch nur auf Boxerart zum Spielen auffordern.

Wir sollten uns deutlich machen, welche enorme Leistung wir von unseren Hunden fordern, wenn wir erwarten, dass sie die Stärke und vor allem auch die zarte ‚Zerbrechlichkeit‘ ihrer Mithunde richtig einschätzen, und zwar durch bloße Inaugenscheinnahme ohne praktische Erfahrungen, denn die können ja für den Hundezwerg übel ausgehen.

Erschwerend kommt dazu, dass gerade sehr kleine Hunde in ihrer Familie oft eine hohe Rangstelle einnehmen und deshalb den großen Hunden selbstsicher gegenübertreten, weil sie sich offenbar für größer halten, als sie in Wirklichkeit sind. Welcher Hund weiß schon, wie groß er ist! An dieser frechen Selbstsicherheit haben die Besitzer meistens ihre Freude. Es steht den Besitzern großer Hunde nicht zu, hier schulmeisterlich erziehen zu wollen mit Belehrungen wie: *„Er muss lernen, sich unterzuordnen!"*

Das ist zwar von der Tierpsychologie her durchaus richtig, aber es ist nun einmal die Freiheit jedes einzelnen Hundebesitzers, sein Tier so zu erziehen, wie er es kann und für richtig hält. Das Ende seiner Freiheit ist erst dort, wo die Belästigung und Gefährdung der anderen anfängt (oder der Hund gequält wird). Erschwerend für die Verständigung freier Hunde ist, dass viele Hunde die angeborene Signal- und Zeichensprache nicht mehr anwenden können. So sagen z.B. angelegte oder aufgestellte Ohren viel über die Absichten und die Stimmung des dazugehörigen Hundes aus. Voraussetzung dafür sind allerdings Stehohren. Wenn sich ein Basset oder ein Cocker mit Hilfe seiner Ohren verständigen möchte, hat er kaum Aussichten, gut verstanden zu werden. Die Wahrscheinlichkeit, beim Schnüffeln draufzutreten ist größer als die Chance, mit ihnen Informationen ‚rüberkommen‘ zu lassen.

**Abb. 33: Mensch, was tust du mir an ...**

Dafür hat der Basset aber jedenfalls eine lange Signal-Rute zum Wedeln, Einklemmen, reglos Hochhalten oder langsam Senken. Demgegenüber sind einige andere

Hunde, die heute immer noch ‚hinten ohne' rumrennen müssen, schon sehr benachteiligt. Wenn ihr Signalgeber ‚nur' abgeschnitten ist, weil das bei Jagdhunden hier in Deutschland immer noch rechtens ist, können sie jedenfalls noch mit dem Rest wackeln, also Minizeichen geben. Hat der Mensch es aber geschafft – unterstützt durch Defekt-Mutationen – den Hund schon ‚ohne' auf die Welt kommen zu lassen (Engl. und Franz. Bulldoggen, Boston Terrier, einige Bobtails, Welsh Corgies und Australian Shepherds), dann fehlen meistens auch die Muskeln und Nerven, um das Reststück zu bewegen. Dadurch wird so ein Hund im Umgang mit anderen Hunden ein ganzes Stück sprachloser.

Andere Hunde wieder haben so viele Haare, dass ihre Körper-Zeichensprache darunter fast ganz verschwindet.

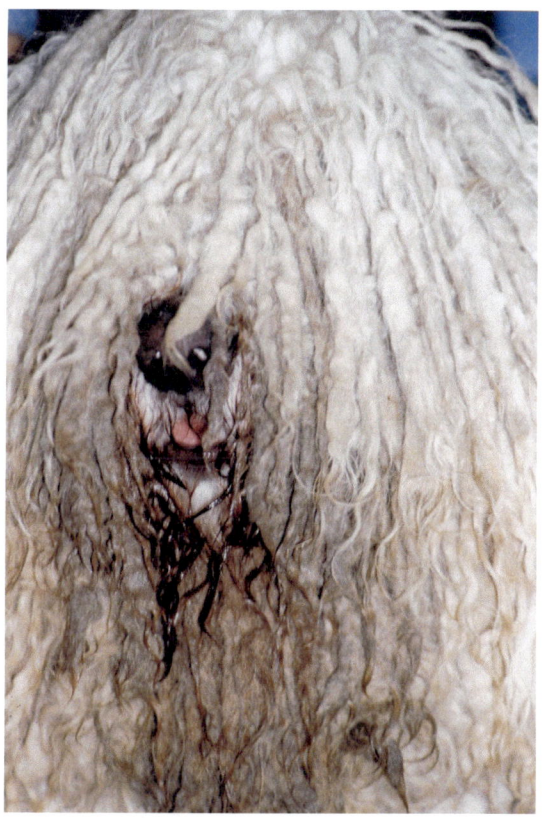

**Abb. 34:**
**Was kann er dafür, dass er eine dreckige Schnauze hat und ins eigene Fell pinkelt?**

## KÖRPERSPRACHE DES HUNDES

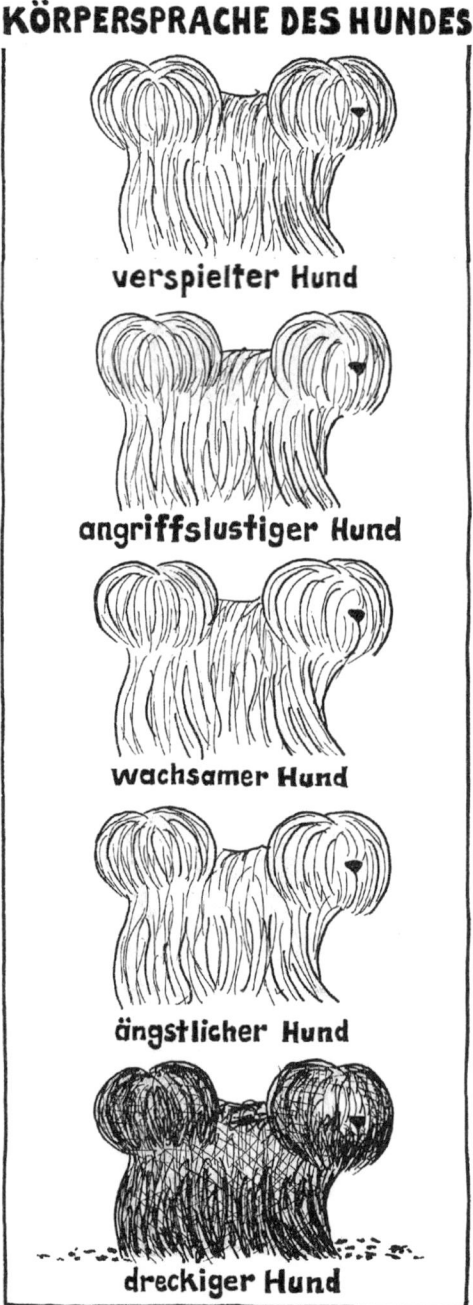

verspielter Hund

angriffslustiger Hund

wachsamer Hund

ängstlicher Hund

dreckiger Hund

Manchen kurzschnäuzigen Rassen ist dazu noch eine Art Grunzen beim Atmen eigen, das durch die verkürzten und verbildeten Atemwege verursacht wird, also eine ungewollte Äußerung ist, die manchmal als Knurren missverstanden wird.

Bei all diesen vom Menschen verursachten Handicaps ist es schon erstaunlich, wie gut die verschiedenartigen Rassen sich meistens untereinander verstehen, aber eben leider nur meistens. Neben all den erschwerenden Äußerlichkeiten müssen Hunde auch noch mit den ‚Es-waren-einmal-Rüden-und-Hündinnen' sprich den kastrierten Hunden auskommen, und die wiederum müssen lernen, dass sie von ihren Mithunden auf einmal ganz anders behandelt werden. Der eine Ex-Rüde wird plötzlich von anderen Rüden bestiegen, weil er wie ein heißes Hundemädchen duftet, der andere wird links liegen gelassen. Ex-Hündinnen müssen sich meistens damit arrangieren, dass sie weniger von Mithunden beachtet werden. Manchen scheint das allerdings ganz lieb zu sein.

**Voraussetzungen für die Kommunikation**

Jeder Mensch, der sich einen Hund anschafft, sollte unbedingt darauf achten, dass er einen Hund wählt, der ohne hinderliche bis quälende rassetypische Merkmale ist. Damit schafft er eine gute Grundlage für die störungsfreie innerartliche Verständigung und betreibt gleichzeitig auf seine Art praktischen Tier- und auch Menschenschutz. Denn der gesunde, lebenstüchtige, sprachfähige Hund ist – wenn die Haltungsbedingungen artgerecht sind – mit großer Wahrscheinlichkeit auch ein ausgeglichener Hund, der sich gut mit seinen Mithunden versteht.

# Die Nöte der Kleinen

**Abb. 35:**
**Es soll wohl witzig sein, wenn Großhundebesitzer sagen: „*Lassen Sie den Kleinen ruhig runter, meiner hat schon gefrühstückt.*"**

Wenn Hunde – aus welchen Gründen auch immer – doch einmal aneinander geraten, dann sieht es in diesen Auseinandersetzungen für die Zwerge schlecht aus. Es ist nur zu verständlich, dass die Besitzer kleinerer Hunde vor solchen Situationen besondere Angst haben. Für ihren kleinen Hund kann eine einzige ernsthafte Beißerei mit einem großen Hund bereits den Tod bedeuten.

Wenn wir für ein normales Hundeleben ca. 10 bis 12 Jahre rechnen und der Klein-hundebesitzer dreimal pro Tag mit seinem Hund spazieren geht, dann muss er hoffen, auf rund 13.000 Spaziergängen keinem defekten, freien, großen Hund zu begegnen, der auf seinen losgeht. Wenn man Kleinhundebesitzer befragt, scheint das fast so ein Glücksfall wie ein Lottohauptgewinn zu sein. Fast alle haben sehr böse Erfahrungen mit großen Hunden gemacht. Ihre Bange, wenn ihnen ein großer ‚Freiläufer' entge-genkommt, ist begründet.

Erst vor wenigen Tagen musste ich morgens in einer Tierarzt-Gemeinschaftspraxis lange warten, weil drei Ärzte damit beschäftigt waren, Hunde zusammenzuflicken, die nach Auskunft der Arzthelferin regelrecht zerfetzt worden waren.

Großhundebesitzer haben es leichter, Hundebegegnungen gelassen entgegenzusehen. Es geht schließlich hier äußerst selten ums Ganze, also um das Leben ihres Hundes. Als locker-sorgloser Großhundebesitzer sollte man sich ab und zu einmal vor Augen halten, wie riesig groß und schwer die Hunderiesen im Vergleich zu den Winzlingen sind.

Es ist nur zu verständlich, dass Herrchen/Frauchen und Zwerghund/-hündin aus Angst manchmal aggressiv reagieren. Gerade alte Menschen haben aus guten Gründen meistens kleine Hunde, denen sie auf der einen Seite viel von dem bieten können, woran es sonst hapert: Zeit und praktisch uneingeschränkte Zuneigung. Die Hunde dieser Menschen haben dadurch oft den idealen Ersatzpartner, dafür aber leider häufig wenig Möglichkeiten zum freien Umgang mit Artgenossen. Ob sie den immer vermissen, ist die Frage.

**Abb. 36:**
**Seine Seele macht ihn zum Menschenversteher. Leider haben wir ihn körperlich zum Dauerkranken gemacht, der oft um jeden Atemzug ringen muss.**

Mancher menschenbezogene ‚Gesellschaftshund' (Pudel sind ein typisches Beispiel) zieht auch bei freier Auswahl seinen Menschen oft als Spielpartner vor. Ich kenne selbst kernige Labradors und andere ‚Spiel-Lüstlinge', die andere Hunde überhaupt nicht beachten, wenn ihr Mensch mit ihnen spielt. Es ist also sehr die Frage, ob der berufstätige Hundehalter, der seinem Hund einmal am Tag Freilauf ermöglicht und ihn dann viele Stunden allein zu Hause lassen muss, sein Tier artgerechter hält als jemand, der mit seinem Hund Tag und Nacht zusammenlebt, ihn aber nicht von der Leine lässt.

Vergessen darf man auch nicht, dass viele alte Menschen aufgrund von Körperbehinderungen gar nicht mehr in der Lage sind, mit ihren Hunden Plätze aufzusuchen, wo diese frei laufen dürfen. Vielleicht können Sie einem alten Menschen aus Ihrer Nachbarschaft anbieten, ihn regelmäßig im Auto mit zum nächsten Hundefreilaufgebiet zu nehmen. Nach meinen Beobachtungen sind es leider vorwiegend alte Menschen mit ihren kleinen, meist auch schon alten, behäbigen Hunden, die von den städtischen Ordnungsdiensten regelmäßig erwischt und zur Kasse gebeten werden, wenn sie ihre Hunde frei auf Parkwegen hinter sich her trotten lassen, wo es verboten ist. Junge Menschen mit großen, vitalen Hunden hingegen haben selbst dann Chancen ungestraft davon zu kommen, wenn sie mit ihren umhertobenden Hunden sorglos über Kinderspielplätze schlendern …

---

**Der ideale Stadthund**

Meist ist der kleine bis höchstens mittelgroße, schon lange ausschließlich als Sozialpartner gezüchtete Hund der viel stadtgeeignetere, und er ist nicht dümmer oder kränker als seine großen Artgenossen. Jede arrogante Geringschätzung der Kleinen durch Großhundefans zeigt geringe Hundekenntnis.

---

Wir müssen uns im Klaren darüber sein, dass freilaufende Hunde fast überall gegen Verordnungen verstoßen. Einmal ist eine Verordnung zum Schutz der Feldmark, einmal zum Schutz des Waldes, einmal zum Schutz von Grünanlagen oder Fußgängerzonen oder Friedhöfen, dann wieder zum Schutz von Kinderspielplätzen. Regional gibt es je nach Schärfe der Hundegesetze geringfügige Unterschiede.

Rechtens darf der Hund nur noch in einigen ausgewiesenen, meist kleinen Hundefrei-laufgebieten frei laufen und dort, wo man ihn nicht gefahrlos laufen lassen kann: Auf Fußwegen am Rand von Straßen.

Hunde mit Hundeführerschein haben manchmal einige wenige Freilauf-Vergünsti-gungen.

Der Trend geht auf der einen Seite hin zum großen Hund, auf der anderen Seite wird der Raum, in dem er sich frei bewegen darf, immer kleiner. Ein Freiraum, der für jeden Hund wichtig ist, für den großen, bewegungsfreudigen aber unentbehrlich zu sein scheint. Das monotone ‚Müdelaufen‘ am Fahrrad kann dafür kein Ersatz sein.

# Die Grenzen der Freiheit

In unserer Zeit, in der wir in den Städten immer dichter beieinander wohnen, wollen wir Freiheiten für unsere Hunde, die sie in den vergangenen Jahrzehnten nie hatten, jedenfalls in Deutschland nicht. Frei sind in Europa in der Regel nur die Hunde gewesen, die keiner wollte, für die sich keiner verantwortlich fühlte, die keinen Wert hatten.

Der typische ‚Dorfköter' verbrachte meistens sein Leben an einer kurzen Kette, war als Aufpasser angestellt und konnte froh sein, wenn er genug Wasser und Küchenabfälle bekam und kotfreie Plätze zum Liegen fand. Die wenigen frei umherstromernden Dorfhunde sorgten bei ihren Rundgängen dafür, dass genügend Nachwuchs gezeugt wurde und dadurch der Wert eines Hundes gering war.

Auch die oft als glücklich angesehenen Jagdhunde hatten und haben nur selten ihr Jagdvergnügen. Sie müssen lange Wartetage in Kauf nehmen, um dann ihren Gehorsam im Wald beweisen zu können. Auch Schlittenhunde verwarten die meiste Zeit angepflockt. Natürlich würden sie lieber ohne Schlitten rennen als mit! Glück hatten die Hütehunde, die ihre Aufgabe nur erfüllen konnten, wenn sie sich frei bewegen konnten. Die meisten Hunde waren Nutztiere und wurden entsprechend behandelt. Wir erinnern uns an die Bremer Stadtmusikanten, die um ihr Leben fürchten mussten, als sie gebrechlich und nutzlos geworden waren ...

Das Spazierengehen mit dem Hund und für den Hund ist eine Erfindung der modernen Städter. Für Mensch und Hund ist es eine gute Sache, auch wenn der Hund an der Leine ist. Ideal ist es für den freilaufenden Hund, und es ist zu rechtfertigen, wenn der Hund andere Tiere, Mithunde und Mitmenschen nicht gefährdet oder beunruhigt.

Wir sollten unseren Stadthunden gegenüber kein schlechtes Gewissen haben, wenn wir ihnen ihr ganzes Hundeleben lang zuverlässige Rudelchefs sind und sie viel Zeit mit uns gemeinsam verbringen dürfen. Wenn unser Hund mit uns zusammen sein darf, nimmt er dafür viele Einschränkungen in Kauf. Er ist nun einmal ein unerschütterlicher Menschenfreund, für den es die Überlegung, sich von uns abzuwenden, nicht gibt. Er würde uns nie aussetzen!

Eine Herausforderung von heute sind die vielen ‚Fremdrudel' in die mancher Hund gesteckt wird: Da ist die Hundetagesbetreuung, der Ausführdienst, das Hundehotel für Wochenende und Urlaub, wenn der Besitzer anderes vorhat, die Hundeschule, das Hundekrankenhaus, das Althunde-Pflegeheim … Die kommenden Jahre werden zeigen, wie Freund Hund die vielen, wechselnden Bezugspersonen verkraftet.

Der intakte Normalhund begegnet anderen Hunden außerhalb der ‚eigenen vier Wände‘, also im neutralen Revier, freundlich bis reserviert und eher uninteressiert. Auch Reviere, in denen er jeden Tag spazieren geht, betrachtet er zum Glück nicht als seinen Besitz, sonst würden Begegnungen mit anderen Hunden nicht so problemlos verlaufen.

Wann immer Sie die Möglichkeit dazu haben, sollten Sie mit Ihrem Hund, vom Welpenalter an, täglich in dasselbe Gebiet gehen, wo der Hund ohne Leine laufen kann und anderen Hunden begegnet. Anfangs sollten Sie dabei nicht zu viel spazieren gehen, sondern dem Welpen vor allem Gelegenheit bieten, Kontakt mit anderen Hunden zu haben und Spielgefährten zu finden. Der Welpe wächst so in die Hunde-gemeinschaft hinein, und Sie selbst kennen nach wenigen Wochen die anderen Hunde und ihre Besitzer.

Der junge Hund lernt, sich mit anderen Hunden zu arrangieren. Dabei ist es unsere Aufgabe, unserem Welpen gegebenenfalls zu vermitteln, was er sich anderen Welpen gegenüber nicht herausnehmen darf. So wie Mutterhündin und Rüde die Welpen erziehen, sind auch wir gefordert, sie auf den richtigen Weg zu bringen. Im über-wachten Spiel lernt der Welpe und Junghund den uninteressierten Einzelgänger kennen, genau so wie den wilden Mitspieler, mit dem er bis zur Erschöpfung herum-tollen kann. Er trifft auch den grantigen Typ schon zu einer Zeit, in der er, wenn er sich richtig verhält (!), noch Welpenschutz in der Hundewelt genießt, weil er so eindeutig nach Kind riecht und deshalb die meisten gut sozialisierten Hunde dem Kind nichts tun. Einen generellen Welpenschutz gibt es allerdings nicht, wie man lange angenommen hatte. Andere Hunde erziehen gern an Welpen herum, aber das ist er schon von seiner Mutter gewohnt, und er versteht das richtig.

Soweit es in Ihrer Macht steht, lassen Sie ihn aber gerade in dieser sensiblen Jugend-zeit, in der sich Erlebnisse besonders einprägen, möglichst keine schlimmen Erfah-rungen mit verhaltensgestörten Hunden machen. Hören Sie auf die Ratschläge von anderen Hundehaltern und Fachleuten in den Hundeschulen, die vor bestimmten Hunden warnen. Die Wahrscheinlichkeit von unliebsamen Begegnungen können Sie auch niedrig halten, wenn Sie jeden Tag zur selben Zeit denselben Weg gehen.

Vielleicht veranstaltet der Züchter so genannte Prägungs - Spieltage. Die sollten Sie auf alle Fälle nutzen. Gute Hundeschulen bieten überwachte Welpen- und Junghund-spielstunden an. Was Ihr Hund im ersten Jahr an Sozialverhalten lernt, macht ihn sein ganzes Hundeleben lang zum gemeinschaftsfähigen Hund unter Mithunden. Auch manche Hundeclubs ermöglichen schon dem Welpen und seinen Leuten wichtige Erfahrungen. Allerdings, eine 100 %ige Sicherheit für das spätere problemlose Verhalten des Hundes bietet auch eine hundgemäße Jugendzeit nicht. Verwegene Züchtungen auf bestimmte äußere Merkmale hin, ohne Augenmerk für dabei auftretende Verhaltensschwächen, haben einige Rassen und Einzelhunde vieler Rassen zu Problemhunden gemacht, die sich trotz guter äußerer Einflüsse gestört verhalten. Gehen Sie deshalb weg von der Auswahl Ihres Hundes nur nach dem Erscheinungsbild. Ihr Hund weiß sowieso nicht, wie er aussieht. Er findet sich gut und fühlt sich wohl, wenn er die Voraussetzungen mitbringt, in der Hunde- und Menschenwelt akzeptiert zu werden.

Wenn Sie einen problematischen Hund haben, dann ziehen Sie die Konsequenz und schützen Sie andere Hunde vor ihm! Unser Freiläufer muss zuverlässig friedlich gegenüber Menschen und Hunden sein, sonst gehört er an die Leine.

Zu unvorhergesehenen Begegnungen kommt es immer. Er muss auf Ruf zu uns kommen oder zumindest ‚Halt‘ befolgen, bis wir bei ihm sind. (Manchen Hunden fällt das „*Halt, Warte!*“ leichter, weil sie dann den entgegenkommenden Hund nicht aus den Augen verlieren.) Gehen Sie aber bitte langsam zu ihm – nicht rennen!

Wenn uns angeleinte Hunde entgegenkommen, die wir nicht kennen, sollten wir unseren Hund heran nehmen, auch wenn er sehr friedlich ist. Der angeleinte Hund ist im Nachteil. Aus Angst oder Selbstüberschätzung zeigt er häufig Angriffsverhalten und provoziert dadurch unseren Hund. Es trägt zur Entspannung zwischen Hunde-besitzern bei, wenn Sie Rücksicht signalisieren, indem Sie Ihren Hund bei solchen Begegnungen rechtzeitig anleinen. Loshaken können Sie ihn nach einem klärenden Gespräch immer noch. Auch wenn Ihnen ein Hundehalter, den Sie als ängstlich kennen, mit seinem angeleinten Hund entgegenkommt, sollte es selbstverständlich sein, dass Sie Ihren Hund zu sich rufen und an die Leine nehmen. Begegnet unser ‚Freigänger‘ einem anderen ‚freien‘ Hund, ist es das Beste, sich zunächst gar nicht einzumischen. Im Vertrauen auf das intakte Verhalten unseres eigenen Hundes und in der Hoffnung, dass der andere ähnlich wohlgeraten ist, gehen wir zügig weiter und halten den Mund. Wenn wir uns aus Interesse oder Besorgnis um die Hunde herumstellen, stacheln wir sie bei kritischen Begegnungen nur zu unangemessenen Reaktionen auf.

Wenn sich befreundete Hunde treffen, kann man natürlich stehen bleiben und von ‚Hundemensch' zu ‚Hundemensch' klönen. Es gibt Freundschaften zwischen Rüden ebenso wie zwischen Hündinnen und natürlich zwischen Rüden und Hündinnen. Häufig spielen Hündinnen aber lieber untereinander als mit einem Rüden.

**Abb. 37: Lernen im Spiel – armer Hund, dem das verwehrt wird.**

Treffen sich zwei Rüden, die sich nicht näher kennen, beachten sie sich oft gar nicht weiter, oder sie begrüßen sich freundlich. In etwa gleichgroße Rüden wedeln sich gerne ihren Duft zu, staksen mit gesträubten Nackenhaaren umeinander herum, grummeln häufig dumpf vor sich hin, setzen an nahe gelegenen Plätzen ihre Duftmarken ab, informieren sich daran und gehen dann ihrer Wege, wobei sie sich, wenn ihnen der andere Eindruck gemacht hat, zunächst langsam und immer noch steifbeinig aus seinem Einflussbereich entfernen. Es kann sein, dass sich einer der beiden dem anderen noch mal provozierend quer in den Weg stellt, wobei er vielleicht sogar mit großer Drohgebärde seine Zähne zeigt. In dieser Situation bloß die Ruhe bewahren! Abstand halten! Mund halten! Demonstrativ weggehen! Es handelt sich hier um Imponiergehabe, das gerade helfen soll, ernsthafte Auseinandersetzungen zu vermeiden.

Hündinnen sind meistens (nicht immer!) harmlos-freundlich zu anderen. Leider entwickeln sie manchmal aber unüberwindliche Abneigungen gegen einzelne Hündinnen. Es gibt sogar welche, die keine Geschlechtsgenossin leiden können. Diese Feindschaften können zu gefährlichen Beißereien führen. Wenn Sie so eine ‚zickige‘ Hündin besitzen, die sich vielleicht sogar mit Vorliebe auf kleinere Hündinnen stürzt, gehört sie an die Leine. Es sei denn, Sie haben den Überblick über einen endlosen Strand, und eine unerwartete Begegnung ist ausgeschlossen.

Die Begegnung zwischen normalen Rüden und Hündinnen ist freundlich und problemlos. Nicht ungewöhnlich ist dabei, dass der neugierig schnuppernde Rüde mal kurz angegiftet wird, insbesondere wenn er den intimen Zonen der Hündin zu nahe kommt. Der Rüde nimmt dieses Wegschnappen nicht übel. Unsere Einmischung ist wieder unerwünscht. Nötig wird sie allerdings, wenn ein starker Rüde eine kleine oder sehr unerfahrene Hündin zu stark bedrängt und immer wieder aufreitet. Dann sollten wir unseren Rüden abrufen. (Zu seiner Entschuldigung: Es gibt bei einigen Rassen Hündinnen, die als Folge von Hormonstörungen immer sehr aufreizend riechen, nicht nur während der Läufigkeit.)

Wenn Sie mit Ihrem Rüden einer läufigen Hündin begegnen, gehen Sie möglichst schnell weiter. Wenn der Rüde trotzdem bemerkt, was los ist, müssen Sie ihn an die Leine nehmen. Er wird sehr schnell heiß auf die Hündin und ist dann nicht mehr Herr seiner Sinne, sondern nur noch begeisterter Diener seines Geschlechtstriebes.

Schon mancher gut erzogene Rüde ist hinter einer heißen Hündin – oder geleitet von der Duftspur – entschwunden, und kein Rufen konnte ihn mehr stoppen. Da immer mehr naive Hündinnen-Besitzer der Meinung sind, dass ihre Hündin auch während der Läufigkeit nicht wegläuft und sie frei laufen lassen, hat schon manches heiße Pärchen sich abgesetzt und seinen Spaß gehabt. Läufige Hündinnen gehören also an ihren ‚heißen Tagen‘ an die Leine.

**Abb. 38:**
**Wohl einer der letzten Hamburger Hunde, die frei vor ihrem Grundstück sitzen dürfen**

Chlorophyll-Tabletten gelten als unschädlich und helfen, die Hündin während der Läufigkeit weniger ‚dufte' sein zu lassen. Ein Verhütungsmittel sind sie allerdings nicht! Aber Ihre Nachbarn und alle Rüden-Besitzer der Umgebung werden Ihnen dankbar sein! Sie helfen so mit, dass Ihre Hündin nicht drei Wochen lang die ganze männliche Hundewelt in Liebeslüste und -qualen versetzt. Wer einmal einen vor Liebessehnsucht heulenden Rüden im Haus gehabt hat, der wird jedem Hündinnen-Besitzer dankbar sein, der damit, und durch reduzierte Spaziergänge, mithilft, die ‚Eigenwerbung' seiner Hündin in Grenzen zu halten. Allerdings warne ich vor zu großen Erwartungen an die grünen Pillen: Da Hunde Gerüche selektiv wahrnehmen, sie also die verschiedenen Düfte auseinander sortieren können, bleibt ihnen der Intimduft einer Hündin auch beim Einsatz von Chlorophyll-Tabletten nicht lange verborgen.

Wenn Sie sich des Gehorsams Ihres Hundes z.B. des Junghundes, nicht sicher sind, dann nutzen Sie die größere Übersicht aus, die wir Menschen durch unseren aufrechten Gang nun einmal haben: Rufen Sie Ihren Hund z.B. schon heran, wenn Sie einen angeleinten Hund sichten, *bevor* Ihr Hund ihn bemerkt. Gehorsam in langweiligen Momenten ist viel einfacher, als wenn der Hund gerade etwas Interessantes entdeckt hat.

Rechnen Sie damit, dass Ihr Hund, wenn er an der Leine ist, aggressiv reagiert. Das muss nicht auf große Überheblichkeit hindeuten, es kann genauso angstaggressives Verhalten sein. Befürchten Sie nicht, dass er dieses unerwünschte Verhalten beibehält, wenn er wieder frei läuft.

Wenn Sie in einem ‚Freilaufgebiet' Ihren an sich friedlichen Hund aus irgendeinem Grund an die Leine genommen haben, und es begegnet Ihnen ein großer freilaufender Hund, dessen Besitzer keine Anstalten macht, ihn anzuleinen, oder der vielleicht nicht einmal in Sicht ist, dann entspannt sich die Situation meistens, wenn Sie Ihren Hund loslassen, aber bitte rechtzeitig (und nur, wenn dadurch nicht andere Gefahren drohen). Ihr Hund braucht einige Meter, um mitzubekommen, dass er frei ist, und sich entsprechend zu verhalten. Es nützt wenig, wenn Sie zunächst an straffer Leine die Begegnung abwarten, und wenn's ernst wird, die Leine loslassen. (Loshaken können Sie sie in dieser Situation meistens sowieso nicht mehr.) Ihr Hund wird sein Leinenverhalten beibehalten. Raufende oder beißende Hunde können sich dann zu allem Elend auch noch in der Leine verwickeln. Ganz kritisch sind bei Beißereien die ausrollbaren Leinen, weil sich die Hunde in den dünnen Synthetikschnüren übel einschnüren und verletzen können. Die Hunde unterscheiden dann nicht mehr, welcher Schmerz woher kommt. Sie beziehen alles auf den Kampfgegner und werden immer wütender. Dabei kann es auch vorkommen, dass sie den Menschen beißen, der versucht einzugreifen. Sie verlieren in solchen Momenten die Übersicht und fühlen sich von allen Seiten gebissen ...

Nachbarsrüden, die sich zu Hause – getrennt durch einen Zaun – gebärden, als wollten sie sich gleich gegenseitig umbringen, benehmen sich, wenn sie sich auf Spaziergängen in neutralem Gebiet treffen, überraschenderweise friedlich. Sie neigen höchstens dazu, sich zu übersehen, wohl um Konflikten aus dem Weg zu gehen.

Den Rüden geht es zu Hause nur um die Sache, um ihr Revier. Bei verfeindeten Nachbarshündinnen ist auch im Neutralrevier Vorsicht geboten. Sie nehmen's persönlicher.

---

**Achtung beim Auslauf**

Ausgeprägtes Revierdenken zusammen mit eng gefasster Rudelvorstellung führt zu Konflikten in den Auslaufgebieten!

---

# Unliebsame Begegnungen

Leider werden auch Sie manchmal Begegnungen haben, auf die Sie lieber verzichten würden. Es gibt in jeder Gegend bissige Hunde. Das wäre an sich noch nicht so schlimm, wenn sie verantwortungsbewusste Menschen hätten, die diese Hunde zuverlässig an der Leine halten oder nur mit Maulkorb laufen lassen würden.

Aber leider gestehen sich die Halter schwieriger Hunde oft nicht ein, dass ihr Hund eine Gefahr für andere Hunde und Menschen ist. Sie erzählen, wenn ihr Hund einen anderen gebissen hat, zum wiederholten Mal, dass er so etwas noch nie vorher getan hätte und sonst absolut friedlich wäre. Erst wenn die Versicherung nicht mehr zahlt und der Hund deshalb zu teuer wird, wollen die Besitzer ihn nicht mehr haben, und er landet im Tierheim, wenn er Glück hat. Die meisten Beißer stürzen sich nicht auf jeden Hund, denn dann könnten sich die Besitzer wirklich nicht mit ihnen in die Öffentlichkeit wagen. Der eine mag keine schwarzen Hunde, der andere keine wolligen weißen, der eine mag keine Boxer, der andere grundsätzlich keine Rüden, der eine beißt mit Vorliebe Zwerghunde, der andere verbeißt sich vorzugsweise in Junghunde.

Meist funktioniert in Spaziergehgebieten ein gutes Frühwarnsystem durch die anderen Hundebesitzer. An solchen Warnungen ist in der Regel etwas dran! Machen Sie einen großen Bogen um solche Gefahrenquellen!

Ist aber eine solche Begegnung unausweichlich, und der Besitzer des Problemhundes bekommt ihn nicht unter Kontrolle, kann es helfen, wenn Sie dem Hund entschlossen entgegengehen und ihn mit Donnerstimme anfahren: *„Hau ab!"*

Solche Hunde sind meistens Feiglinge, und vielleicht lassen sie sich einschüchtern, zumindest so lange, bis der Besitzer herangekommen ist und ihn sich hoffentlich schnappt. (Vorsicht, Ihr eigener Hund könnte Ihr Drohverhalten als Aufforderung zu einem eigenen Angriff verstehen. Halten Sie ihn deshalb fest.)

Wenn Ihr eigener Hund groß und wehrhaft ist, können Sie hoffen, dass er den anderen durch sicheres Auftreten und Imponiergehabe von einer Auseinandersetzung abhält. Dann halten Sie am besten wieder einmal Abstand und den Mund! Wenn Sie einen kleinen Hund haben und den nötigen Mut, sollten Sie ihn auf den Arm nehmen. Wenn

sich der andere Hund erst auf ihn gestürzt hat, sind Sie sehr hilflos. Auf Unterwerfungsgesten des schwächeren Hundes reagieren solche Hunde meistens nicht.

Guter Rat ist teuer, wenn ein bissiger Hund sein Unwesen treibt. Einige Hundebesitzer tragen Pfefferspray bei sich, um damit angreifende Hunde zu vertreiben. Wenn es wirksam sein soll, muss es schnell griffbereit und die Windrichtung günstig sein. Es schreckt wahrscheinlich nur ab, solange die Hunde sich noch nicht ineinander verbissen haben.

Beobachten Sie manchmal, dass Ihnen und Ihrem Hund andere Hundebesitzer aus dem Weg gehen? Wenn ja, sollten Sie unbedingt klären, ob diese Leute Angst vor Ihrem Hund haben! Leider neigen wir alle dazu, den ,Balken im eigenen Auge' sehr spät zu sehen. Wenn mehrere Hundebesitzer Begegnungen mit Ihrem Hund scheuen, weil sie ihn fürchten, dann müssen Sie Ihr Verhalten ändern!

Wenn Ihr Hund eine schmerzhafte Beißerei hinter sich hat, trägt er von da an oft ein Feindbild in sich und zeigt ein verändertes Verhalten gegenüber allen Vertretern der Rasse des Kontrahenten. Er kann denen gegenüber in der nächsten Zeit ängstlich oder angriffslustig reagieren. Sie sollten sich bemühen, ihm gute ,Gegenerfahrungen' mit der betreffenden Rasse zu ermöglichen, damit er umlernen kann.

Finden Sie sich nicht zu schnell mit unerwünschten Verhaltensweisen Ihres Hundes ab. Er ist lernfähig! Sie müssen nur das Ihrige tun, ihn nicht in seinen Negativ-Erwartungen zu bestärken, indem Sie ihn die eigene Angst vor bestimmten Hunden deutlich spüren lassen. Ganz verbergen kann man sie vor einem sensiblen Hund leider nicht. Deshalb übertragen sich Abneigungen der Besitzer häufig auf den Hund.

Die Rassen sind allerdings sehr unterschiedlich in ihrer Fähigkeit, schlechte Erfahrungen wegzustecken. Bei misstrauischen, scheuen Rassen prägt oft ein einzelnes schlimmes Erlebnis zeitlebens. Robuste, selbstsichere, vertrauensvolle Tiere nehmen vieles leichter und gehen unbefangener an vergleichbare Situationen heran.

Wir dürfen uns auch nicht der Tatsache verschließen, dass es rauflustige Hundetypen gibt, die auch bei bestmöglicher Sozialisierung einfach Spaß an einer Keilerei haben.

Wenn zwei oder mehr befreundete Hunde zusammen spazieren gehen, müssen Sie damit rechnen, dass sie anders reagieren als Einzelhunde. Solche Freunde werden schnell zu einem eingeschworenen Team, um nicht zu sagen zu einer üblen Gang! Das Gruppengefühl (Rudel!) macht auch Hunde stark, und es kann passieren, dass zwei sonst friedliche Rüden zusammen als rauflustige Stänkerer auftreten, die viel schlechter gehorchen als normal. Sie setzen sich vielleicht sogar gemeinsam ab, um jagen zu gehen oder sonst ‚was Gutes' zu unternehmen. Wenn Sie solches Rudelverhalten beobachten, sollten Sie auf gemeinsame Spaziergänge verzichten oder die Hunde anleinen.

Lassen Sie Ihren Rüden nicht mit einer läufigen Hündin frei laufen, auch nicht in den ersten Tagen, an denen noch nichts ‚passieren' kann. Er wird sie gegenüber anderen Rüden eifersüchtig verteidigen und dabei die Regeln des reinen Kommentkampfes leicht vergessen und zubeißen.

Verletzungen kann es allerdings auch bei harmlosen Raufereien geben, insbesondere an Augenlidern, Schnauze, Ohren und Vorderbeinen. Respektieren Sie deshalb, wenn andere Hundebesitzer nicht die Nerven dafür haben!

Sollte es trotz aller Vorsicht passieren, dass Ihr Hund einen kleineren beißen will, sollte es für Sie selbstverständlich sein einzugreifen. Ein entschlossener Griff in den Nacken des eigenen Hundes (nicht wieder loslassen!) bringt ihn meistens schnell zur Besinnung und gibt dem Besitzern des kleinen Hundes die Möglichkeit, seinen Hund zu nehmen. Aber Vorsicht, zerren Sie Ihren Hund nicht weg, wenn er sich festgebissen hat, sonst richten Sie nur noch mehr Schaden an!

Kümmern Sie sich um den Besitzer des anderen Hundes und seinen Hund. Bieten Sie, falls ein Tierarztbesuch nötig ist, Ihre Hilfe an. Drücken Sie sich nicht um die Erkenntnis herum: die Schuld liegt bei Ihnen und Ihrem Hund, wenn er einen deutlich kleineren gebissen hat (vorausgesetzt, beide waren frei oder Ihrer war frei). Ein Großer muss es abkönnen, dass ein Kleiner ihn angrummelt, denn das passiert häufig. Nur wenn der Kleine zu Tätlichkeiten übergeht, darf der Große sich wehren, aber der Größe des Gegners angemessen und nur, bis der Kleine Aufgabe signalisiert. Ein großer Hund mit zu niedriger Reizschwelle gehört an die Leine!

---

**Grenzen der Freiheit**

Ein großer Hund mit zu niedriger Reizschwelle gehört genauso an die Leine wie einer, der in Rage gerät, wenn erst einmal eine Beißerei angefangen hat und der dann nicht mehr auf die Unterwerfungssignale des Kontrahenten achtet!

---

Oft fallen böse Worte, wenn sich einer der Hunde daneben benimmt. Selten dagegen ist, dass am nächsten Tag durch einen Entschuldigungsbrief und eine Flasche Wein wieder ein gutes ‚Umgangsklima' angestrebt wird.

*Entschuldigung!*

*Für unser flegelhaftes Benehmen entschuldigen sich Hund und Herrchen!*

*Tut mir leid, Hund geht jetzt erst mal an der Leine.*

*Mit nachbarschaflichem Gruß*

Sollte so ein Beispiel nicht Schule machen?

# Kleine Freiheit Nr. 8

Oder: Der Siegeszug der Leine, die sich lang machen kann.

Zunächst ging es diesen Leinen wie den Rollenkoffern: Sie wurden als unsinnige Erfindung eines versponnenen Tüftlers belächelt. Das hat sich schnell geändert. Viele Hundebesitzer haben umgelernt.

Wenn man die Möglichkeiten nutzt, die diese Leinen bieten, und ihre Nachteile kennt und zu vermeiden sucht, sind diese Leinen eine tolle Sache zum Schutz von Mitmenschen, Mithunden und anderen Lebewesen, und dennoch auch eine gute Sache für unseren Hund! Er ist zwar angeleint, hat aber einen Bewegungsradius von bis zu acht Metern, je nach Leinentyp.

Der Hund kann z.B. acht Meter vorauslaufen, dort schnuppern und seinen Menschen weitergehen lassen. Erst nach sechzehn (!) Metern merkt der am Widerstand der Leine, dass sein Hund weiter hinten noch beschäftigt ist. Entweder wartet er nun auf ihn oder sagt ihm durch einen Ruck an der Leine, dass es weitergeht. Wenn der Hund ein bewegungsfreudiger Typ ist, kann er nun sechzehn Meter nach vorn spurten oder acht Meter in der Breite die Gegend inspizieren, wo allerdings Zäune, Bäume, Häuser u.s.w. meistens Grenzen setzen oder Probleme machen.

Wenn der Hundehalter eine lange Leitung hat, entrollt sich diese Leine manchmal ungewollt zu ganzer Länge, bevor er den Stopknopf drücken kann. Dadurch kann es zu Komplikationen für Hund und Umwelt kommen: Eine zweispurige Straße ist nur ca. sechs Meter breit! Unser Hund hat also gleich zweimal die Chancen, überfahren zu werden, wenn wir nicht aufpassen. Vielleicht beißt er auch schon den Rivalen von nebenan oder schnappt sich das Würstchen, an dem eben noch ein Kind gegessen hat, bevor wir reagiert haben. Wenn ein großer Hund einen größeren Zug ausübt oder ein Mensch nicht sicher auf den Beinen ist, kann es durch so eine Fußangel zu üblen Stürzen kommen. Gehen Sie also bitte im Interesse Ihrer Umwelt nicht zu locker mit dieser Leine um! Spannen Sie keine Fallstricke vor Eingangstüren, Auffahrten oder über Wege!

Geben Sie Ihrem Hund keine Gelegenheit, Leute einzuwickeln! Lassen Sie dem Hund an befahrenen Straßen nicht zu viel Laufraum. Sie brauchen eine gewisse Bremszeit! Wenn die Leine schnell an Beinen und Armen entlang reibt, bilden sich schmerzhafte Brandblasen.

Wenn Ihr Hund groß und das Kind, das Ihnen begegnet, klein ist, befindet sich die Leine etwa in Hals- oder Kopfhöhe des Kindes. Vorsicht!

Stellen Sie sich darauf ein, dass Menschen, die körperlich nicht so wendig sind, z.B. ältere Menschen, Angst vor dieser Leine haben, besonders wenn ein temperamentvoller Hund daran herumwuselt.

Wenn Ihr Hund einen anderen angeleinten Hund trifft, nehmen Sie die Leine rechtzeitig kurz. Verwicklungen sind sonst fast unumgänglich.

Kommt es zu einer Begegnung mit einem freien Hund, lassen Sie am besten die Leine locker, Ihr Hund wird sich dann frei fühlen und auch so verhalten.

Bei ‚Problembegegnungen' sollten Sie demonstrativ Abstand halten und nichts sagen, dabei wieder Leine locker!

Wenn Sie einen Problemhund haben, der sich nicht zuverlässig friedlich gegenüber Mensch und Tier verhält, sollten Sie nicht immer wieder versuchen, ihn frei laufen zu lassen in der Hoffnung, es wird schon gut gehen. Denn es geht leider nur eine Zeit lang gut, und es ist verantwortungslos. Bieten Sie Ihrem Hund als Ersatz regelmäßig Ausgang an der langen Leine.

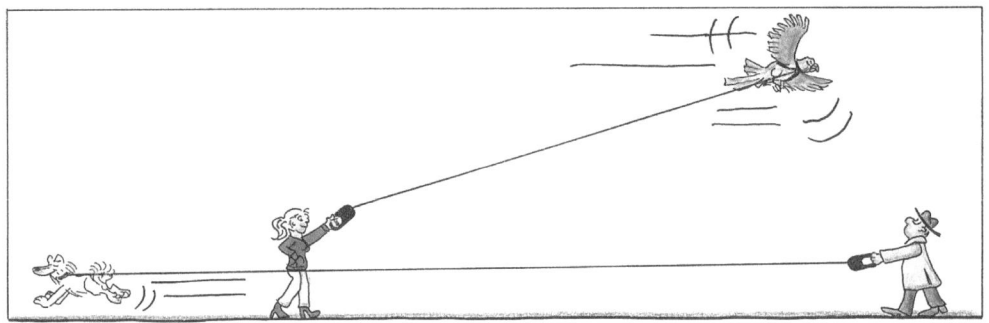

Klären Sie bitte rechtzeitig, ob Sie Ihren Hund bremsen können, wenn er an dieser Leine bis zu 16 Meter Schwung holt, um z.B. hinter einem Kaninchen herzuspurten. Oder ist er in diesem Falle doch ein paar Nummern zu groß? Aber setzen Sie ihn deshalb bitte nicht aus, wie das jedes Jahr viele Tausende von ‚liebenswerten' Mitmenschen tun!

---

**Freiheit an der langen Leine**

Wenn man nicht dauernd an seinem Hund herumzerrt und ihm alles verbietet, kann so ein Spaziergang an der Leine sehr entspannend und schön für beide Partner sein. Diese Leinen verbinden ein großes Maß an Freiheit für unseren Hund mit einem großen Maß an Sicherheit für unsere Umwelt, wenn wir im Gebrauch die nötige Sorgfalt walten lassen.

# Der Raum wird eng

Die meisten Menschen in Deutschland leben immer naturferner. In Großstädten gibt es viele Zehnjährige, die noch nie einen Hund gestreichelt haben.

Während wir uns damit abgefunden oder zumindest arrangiert haben, dass der Autoverkehr jährlich Tausende Tote fordert und auch unter uns Menschen häufig Tötungsdelikte vorkommen, haben die vereinzelten Todesfälle, die durch Hunde verursacht wurden, in den letzten Jahren zu heftigsten Reaktionen geführt. Nachdem der kleine Volkan vor 10 Jahren in Hamburg auf einem Schulhof von zwei Kampfhundnachkommen zerbissen worden ist, hat das Rassegesetze, Hundeverordnungen, Internierungshallen für Kampfhunde und, und, und zur Folge gehabt. Auch die anderen Bundesländer haben die Beißunfälle ins Visier genommen und individuell reagiert. So sind die unterschiedlichsten Reglementierungen entstanden. Im einen Bundesland kann sich z.B. ein Rottweiler als freier Hund bewegen, drei Schritte weiter im Bundesland nebenan wird er als gefährlicher Listenhund geführt und steht unter Zwangsauflagen.

Das ist zum einen für Hundehalter ein Problem, ein nicht kleineres ist es aber auch für all die, die keinen Hund haben. Sie erfahren aus den Medien, was für schlimme Beißer Hunde sein können, sie sehen Fotos von geifernd aufgerissenen Pitbull-Schnauzen und zerbissenen Kindergesichtern .... Eigene Erfahrungen mit Hunden können sie oft nicht dagegen setzen. Da bleibt es nicht aus, dass das Unbehagen und schließlich die Angst vor dem unbekannten Wesen, das so fürchterlich beißen kann, wächst. Ich erlebe immer mehr Passanten, die mir ausweichen, wenn ich ihnen mit angeleintem Hund begegne. Dabei ist unser neuer Hund Elmo nur knapp mittelgroß, nicht schwarz und sehr freundlich. Hundeführerschein und Begleithundprüfung hat er auch mit Bravour bestanden, aber das steht ja nicht an ihm dran. Noch vor einigen Jahren haben mich häufig Kinder gefragt, ob sie meine Hunde streicheln dürfen. Heute ziehen Mütter ihre Kinder auf die sichere Seite und stellen sich abschirmend davor. Begegne ich Kindergartengruppen, scheint meist kein Kind mehr das Bedürfnis zu haben, den Hund zu streicheln. Die Vorstellung vom beißenden Kampfhund ist in ihren Köpfen und ängstigt sie. Ich fürchte, es wird immer schwieriger, der ‚anderen Seite', also denen, die mit Hunden nicht vertraut sind, Vertrauen zu unseren Hunden zu vermitteln. Mit „Der tut nichts" dürfen wir schon lange nicht mehr kommen. „*Das sagen sie alle, und dann beißt er doch!*", ist eine häufige Antwort. Wir haben offenbar bei vielen unsere Glaubwürdigkeit verspielt, vielleicht, weil wir zu gedankenlos und oft rücksichtslos waren, vielleicht auch, weil Beißunfälle von der Presse geradezu wollüstig aufbereitet und dargeboten werden.

Heute wird es immer schwieriger zu zeigen, dass unser Hund als freier Mitläufer ein anständiger Bursche ist, weil er in der Regel nur noch in Hundefreilaufgebieten, also in abgegrenzten Reservaten, frei laufen darf. Solche Bereiche werden verständlicherweise von Leuten mit Hundeängsten gemieden ...

Auf Wegen und in Bereichen, wo sich auch Nicht-Hundehalter aufhalten, besteht für Hunde in der Regel Leinenzwang.

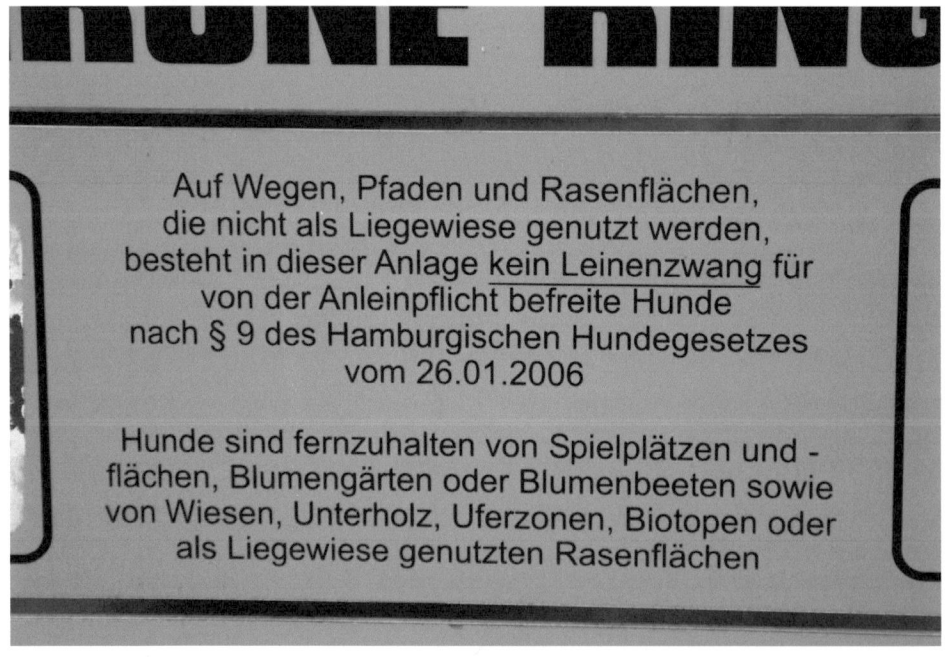

**Abb. 39:**
**Freilauf in der Großstadt Hamburg für geprüfte Hunde. Klingt gut! Aber ....**

**Abb. 40:**
**Offenbar ist nur der schmale Fußweg freies Land ... Wie soll das ein Mensch/
Hund begreifen!**

Gibt es für geprüfte Hunde wirklich mal grünes Licht für freies Laufen (siehe Foto),
so ist die Freude darüber meist kurz. Beim Weiterlesen tritt schnell Ernüchterung ein:
Auf Spielplätze darf er nicht, auf Wiesen nicht, in Biotope auch nicht ... Was bleibt da
noch? Kaum ein Hund ist so guterzogen und entsagungsbereit, dass er ohne Leine auf
dem Fußweg bleibt, wenn die verlockenden Düfte ihn vom erlaubten Weg wegführen.

So sind wir Hundehalter immer mehr in Gefahr verbotene Sachen zu machen, um
unseren Hund noch ein bisschen Hund sein zu lassen. Wenn wir uns auf die Seite
unseres Hundes stellen, werden wir beinahe zwangsläufig zu Gegnern der Ordnungsdienste und versuchen sie auszutricksen ...

Auf Dauer wird dieses ‚Spiel' für die Hundehalter verloren gehen.

Es scheint fast, als ob unser bewährter, verlässlicher Begleiter – nach neuesten
Forschungen schon seit etwa 100.000 Jahren – ins Abseits gerät und er vom frei-
willigen Begleiter zum ausgegrenzten Fremden wird ...

### So weit darf es nicht kommen!

Unsere Chance ist, uns möglichst gutmütige, vertrauenerweckende Hunde anzuschaffen, die stadttauglich, bzw. umwelttauglich sind. Es obliegt uns, sie zu verlässlichen Partnern zu machen, sie verantwortungsbewusst zu halten und ihnen dort ,Hundsein' zu ermöglichen, wo es erlaubt ist. Gleichzeitig wird die Aufgabe für uns immer wichtiger, Öffentlichkeitsarbeit in Sachen Hund zu leisten: Kindern zu zeigen, wie man sich Hunden nähert, sie spüren zu lassen, wie schön es ist, mit einem Hund zu spielen oder zu schmusen, Eltern zu ermutigen, Kontakte zu Hundehaltern aufzunehmen, Ängste vor Hunden ernst zu nehmen.

Zehn Jahre nach Volkans Tod durfte ich endlich mit unserem Hund in die Schule Buddestraße kommen, in der dieser Junge auf so fürchterliche Art sterben musste, und dort den richtigen Umgang mit Hunden üben. Es war anrührend zu sehen, wie begeistert die Viertklässler sich auf den Hund einließen und gar nicht genug von ihm bekommen konnten. Hunde und Kinder sind sich von Natur aus sehr nahe!

Gleichzeitig wurde aus den Äußerungen von Lehrern und Schülern deutlich, wie tief der Schock von damals noch in ihnen steckt und sie sicher nie loslassen wird ...

Der Hund in der Öffentlichkeit ist zur Zeit ein brisantes Thema. Ich habe die Hoffnung noch nicht aufgegeben, dass wir mit Rücksicht und Verständnis zu einer guten Lösung beitragen können.

# Öffentlichkeitsarbeit mit dem Hund

## Hilfreiche Gespräche

Häufig nehmen Hundehalter und Menschen ohne Hund in Sachen Hund erst dann Kontakt auf, wenn sich der hundelose Mensch durch den Hund belästigt fühlt oder geängstigt ist. Und das sieht dann manchmal so aus: *„Hallo! Nehmen Sie den Hund von dem Kind weg! Eine Unverschämtheit ist das!"*

*„Sie sind ja total hysterisch. Der will doch nur schnüffeln!"*

Die Emotionswellen schlagen immer höher und sehr schnell fallen Ausdrücke wie: *„Halt's Maul, du blöde Schnepfe!"*

*„Idiot, verpiss dich!"*

(Bei derartigen ‚Freundlichkeiten' wird gern das direkte, distanzlose „Du" benutzt.) Jede der beiden Parteien ist dabei für solche verbalen Attacken gut. Die Mischung aus Angst, Zorn, sich angegriffen fühlen, beleidigt sein führt bei Mensch wie Hund schnell zu heftigen Aggressionen. Sind die Aggressionen erst einmal hoch gekocht, dann geht in der Regel gar nichts mehr, was zur Verständigung, also zum friedlichen Miteinander der Kontrahenten, führen könnte.

Eine gewisse Chance auf freundliche Verständigung besteht, wenn der Hundebesitzer ruhig bleibt und so reagiert: *„Hallo, nehmen Sie den Hund von dem Kind weg! Eine Unverschämtheit ist das!"*

*„Anton, komm her, mach ‚Sitz'! Entschuldigen Sie bitte! Hat er sie sehr erschreckt?"*

*„Entschuldigen, entschuldigen! Sie müssen auf ihren Hund besser aufpassen!"*

*„Sie haben ja recht. Ich habe mich gerade mit meiner Freundin unterhalten und sie zu spät bemerkt. Anton ist nämlich erst sieben Monate alt und er gehorcht noch nicht so gut. Er ist ein Labrador und die mögen Kinder so gern. Ich bin aber am Üben. Ich bin nur froh, dass ihr Kleiner nicht weint. Wie alt ist er denn?"* „Er wird in der nächsten Woche drei."*

Noch günstiger sind die Voraussetzungen, wenn Hundemenschen und Hundelose ohne ärgerlichen Anlass ins Gespräch kommen. Ich meine jetzt weniger Gespräche mit hundelosen Hundefans, die von sich aus auf uns und unseren Hund zugehen und ihn gern streicheln oder etwas über ihn erfahren wollen, sondern ich meine Kontakte zu Menschen, denen Hunde unbehaglich sind, wenn nicht gar bedrohlich erscheinen. Diese Menschen nehmen von sich aus ohne zwingenden Grund keinen Kontakt zu uns auf. Wenn ihre Ängste sehr beherrschend sind, wechseln sie sogar die Straßenseite, um uns auszuweichen, und sie meiden Parks ganz, weil ihnen der Angstschweiß ausbricht und sie in Panik geraten, wenn ihnen ein freier Hund entgegen stürmt. Zu diesen Menschen sollten Hundehalter Kontakt aufnehmen. Begegnet man sich regelmäßig, kann schon ein freundliches Nicken Ängste mildern. Denn ängstliche Menschen schließen – wie andere auch – vom Verhalten des Halters zu Recht auf das Verhalten seines Hundes. Wenn Sie sich vom Hundehalter wahrgenommen und freundlich zugewandt behandelt fühlen, tut das gut.

Bestimmt ergibt sich dann auch einmal ein Gespräch, in dem man über seinen Hund etwas sagen kann und vielleicht auch etwas über die Ängste des anderen erfährt.

Für einen ängstlichen Menschen kann es sehr wichtig sein zu hören, dass der große Hund, der ihm gegenübersteht, selbst auch ein Angsthase ist, oder dass er schon sehr alt und taub ist, oder dass er erst gestern in einen Kindergartengruppe war, weil er ganz besonders lieb und belastbar ist.

Wenn der Andere es will, können Sie ihrem Hund auch erlauben, einmal kurz an ihm zu schnuppern. Geben sie die Info: *„Wir gucken uns die Leute an, um sie kennen zu lernen. Hunde schnuppern, um jemanden kennen zu lernen."*

Vielleicht wirken die vertrauensbildenden Maßnahmen nach einiger Zeit sogar so gut, dass der Andere sich traut, ihrem Hund ein Leckerli hin zu halten oder ihn zu streicheln.

Ganz wichtig ist für Menschen mit Hundeängsten auch die Information, dass Hunde uns nach unserer Körpersprache einschätzen, also in erster Linie von unserem Auftreten auf unsere Stimmung schließen.

Immer wieder äußern verängstigte Menschen, dass der Hund ja riechen kann, wie große Angst sie haben und dass er sie deshalb bestimmt gleich beißen will. Zum einen orientiert er sich gar nicht an ihrem Angstschweiß. Zum anderen hat er überhaupt keinen Grund, ängstliche Menschen, sofern er sie als solche erkennt, zu beißen, denn von ihnen geht ja keinerlei Bedrohung für ihn aus.

Total verändert ist die Situation für den Hund allerdings, wenn der ängstliche Mensch schreiend wegläuft. Dieses Verhalten ist für viele Hunde ein Jagdsignal und sie rennen hinterher, sei es aus spielerischem Fangvergnügen oder gar ernsthafter Lust, Beute zu packen ...

---

**Verhalten bei Konflikten**

1 Aggressionen des Belästigten ruhig aushalten

2. sich entschuldigen

3. Hundeverhalten erklären

4. den anderen mit seinem Anliegen ernst nehmen und das Gespräch suchen

Damit erreicht man oft sehr schnell eine ganze Menge, und bei der nächsten Begegnung grüßt man sich vielleicht schon lächelnd.

---

# Kind und Hund

Insbesondere Kindern sollten wir unsere Kontaktbereitschaft signalisieren. In städtischen Gebieten wachsen viele Kinder gänzlich ohne Tierkontakte auf oder ihre spärlichen Kontakte beschränken sich auf Käfigtiere, die – in Einzelhaft gehalten – in Langeweile dahin dösen. Wenn die Hundehalter nicht mithelfen, diese Generation mit Hunden vertraut zu machen, ist die Entwicklung von immer größerer Ablehnung gegenüber Hunden vorprogrammiert: Es ist nun einmal menschlich, das Unbekannte, Fremde zu fürchten und abzulehnen. Schon Babys haben großes Interesse an Hunden und krabbeln ohne Angst auf die andersartigen Wesen zu.

**Abb. 41:**
**Kinder, die früh gute Erfahrungen mit Hunden machen, entwickeln selten übersteigerte Ängste.**

Es braucht allerdings besonders kinderfreundliche, belastbare Hunde, um fremden Kleinstkindern Hundekontakte zu ermöglichen. Viele Hunde finden zappelige, unberechenbare kleine Menschen sehr lästig, wenn nicht gar beängstigend.

Dem Kleinkind kann man schon sagen, wie es mit unserem Hund Kontakt aufnehmen darf. Eigentlich sollte es heute selbstverständlich sein, dass jeder Hund, der sich mit seinem Leitmenschen in der Öffentlichkeit bewegt, sich auch – unter Aufsicht eines Menschen – von Kindern anfassen lässt, selbst wenn er es nicht besonders gern mag. Bieten sie Kindern an: *„Willst du ihn mal streicheln? Halt ihm erst mal deine Hand hin, damit er schnuppern kann, wer du bist."*

Zeigen Sie dem Kind, wo Ihr Hund sich gerne streicheln lässt. Erzählen Sie ruhig auch, wo er es nicht so gerne hat. Beobachten Sie Ihren Hund genau und sagen Sie dem Kind, wenn er genug hat. *„So, nun möchte er nicht mehr. Du magst auch nicht immer geknutscht werden, oder?"*

Es kann dann durchaus sein, dass ein Kind Ihnen spontan berichtet, wie schrecklich es ist, wenn Tante Inge es immer küsst und an sich drückt.

Kinder fragen meistens nach dem Namen des Hundes und wollen wissen, ob es ein Junge oder ein Mädchen ist. Manchmal interessiert sie auch die Rasse.

---

**Kleinkinder**

Bei der Begegnung mit fremden Kleinstkindern sollten wir bei unserem Hund in Hab-Acht-Stellung sein, ihm helfen und ihn ‚in Sicherheit' bringen, wenn er überfordert ist. Viele Hunde haben keine regelmäßigen Kontakte mit krabbelnden Kindern und sie können schlecht mit ihnen umgehen!

---

Wenn sie selbst Kindergarten- oder Schulkinder haben, sollten Sie den Erziehern bzw. Lehrern anbieten, mit dem Hund einmal in die Klasse zu kommen. Denn Ihr Hund ist den täglichen Umgang mit Ihren Kindern und deren Freunden gewohnt und dadurch ein idealer Hund für eine Kindergruppe. Wenn Sie in die Klasse eingeladen werden, dann lassen Sie die Kinder in einem Stuhlkreis sitzen, damit der Hund zu allen Kontaktmöglichkeiten hat.

Nehmen Sie es ernst, wenn die Kinder sehr ängstlich sind. Fragen sie die ängstlichen Kinder, ob sie den Hund von der Leine lassen dürfen. Behalten Sie den Hund unbedingt an der Leine, wenn auch nur ein Kind es wünscht. Fragen Sie die Kinder am Anfang, wie sie sich das Verhalten des Hundes in dieser Stunde wünschen (Kinder wünschen sich oft: Soll lieb sein, soll nicht beißen, nicht ihr Schulbrot aufessen, nicht hin machen, nicht hochspringen). Informieren Sie die Kinder, was Ihr Hund sich wünscht (Lärm mag er nicht. Er möchte nicht von vielen Kindern auf einmal angefasst und auch nicht geärgert werden).

Lassen sie die Kinder Fragen zu Ihrem Hund stellen. Erzählen Sie von Ihrem Hund. Toll ist es, wenn Ihr Hund so folgsam und verlässlich (!) ist, dass Sie ihn während dieser Zeit jeweils ein paar Minuten zwischen zwei Kindern ‚Sitz' machen und sich streicheln lassen können (natürlich nur bei Kindern, die das wollen!). Viele Kinder haben ein starkes Bedürfnis nach solchen direkten Kontakten.

**Abb. 42: Menschen lieben es, über Hundeköpfe zu streicheln. Hunde mögen das nicht, müssen aber ertragen lernen, dass Mensch auf ihnen herumtätschelt.**

Zeigen Sie den Kindern die Zähne des Hundes und seine Pfoten und erzählen Sie ihnen, dass Hunde keine Hände haben, mit denen sie etwas anfassen, festhalten und tragen können. Lassen Sie die Kinder überlegen, wie sie ohne Hände, zum Beispiel mit den Händen auf dem Rücken, etwas greifen und tragen würden. Lassen Sie es die Kinder mit einem Spielzeug ausprobieren. Lassen Sie die Kinder, die wollen, den Hund mit kleinen Hundekuchen füttern. Wenn Sie einen sehr vorsichtigen Hund haben, darf er sich auch kleine Bröckchen holen, die das Kind zwischen Daumen und Zeigefinger hält. Ist er ein Grobian ist die flache Hand besser geeignet. Kinder lernen Hundeverhalten zu verstehen, wenn sie erkennen, dass Hunde ganz viel mit ihren Zähnen machen müssen, was Menschen mit den Händen machen.

Vielleicht kann Ihr Hund im Spiel mit einem Ball zeigen, was er mit seinen Zähnen noch alles macht. Stellen Sie ansonsten den Hund in der Gruppe mit dem vor, was er besonders gut kann. Überfordern Sie ihn nicht! Die ungewohnte Situation und die Aufgaben, die Sie an ihn stellen, bedeuten wahrscheinlich hohe Konzentration und Stress für ihn.

Besprechen Sie unbedingt mit den Kindern, wie sie sich verhalten sollen, wenn sie unterwegs einen Hund treffen, der ihnen unheimlich ist (siehe Checkliste)

---

**Checkliste für Hundebegegnungen ohne Angst**

So verhalten sich Kinder richtig, wenn sie unterwegs einen Hund treffen, der ihnen unheimlich ist:

1. Ruhig weitergehen. Keinesfalls laufen, sonst rennen harmlose Hunde spielerisch hinterher. Scharf gemachte leider auch, weil ihr Beutetrieb geweckt wird. Der Hund ist immer schneller!

2. Langsam umkehren ist auch o.k., wenn der Hund noch in einiger Entfernung ist und das Kind noch nicht fixiert.

3. Unbeteiligt gucken. Hund nicht anstarren, dadurch fühlt er sich leicht herausgefordert.

4. Hände und Arme unten lassen, auch wenn er herankommt und schnuppert oder leckt. Nicht hochreißen, sonst stellt er sich vielleicht hoch oder springt hoch, um zu gucken, ob etwas Leckeres oder ein Spielzeug in der Hand ist. Oder er vermutet sogar einen drohenden Angriff. Unsere Hunde haben sich daran gewöhnt, dass ihre

zweibeinigen Rudelgenossen aufrecht gehen. Aber wenn wir auch noch die Arme hoch nehmen, erwecken wir bei denen, die die wölfische Gebärdensprache noch kennen, den Eindruck eines aufgerichteten und damit kampfbereiten Rüden. Einen Angriff befürchten auch die Hunde, die mit dem erhobenen Arm die Erinnerung an Schläge verbinden.

5. Gar nichts sagen oder freudig beruhigende Worte wie *„Na du, du bist aber ein ganz braver Hund."* Nicht schreien oder Befehle geben.

Üben Sie das normale Vorbeigehen mit den Kindern an ihrem eigenen Hund. Loben Sie richtiges Verhalten.

Wenn Sie einen Hund haben, der leider gar keine Kontakte mit fremden Menschen erträgt, dann sollten Sie denen, die ihn gern streicheln wollen, zumindest erklären, weshalb er das nicht mag:

- Pedro kommt aus Spanien und dort haben ihn Menschen sehr schlecht behandelt. Er hat Angst.

- Motte habe ich aus dem Tierheim. Sie schnappte manchmal, wenn sie sich in die Enge getrieben fühlt.

- Bruno ist blind. Er erschreckt sich, wenn ihn plötzlich einer anfasst.

- Judy fängt immer an zu kläffen, wenn ein Fremder sie anfasst.

Es gibt bei Hunden ganz verschiedene Gründe, aus denen sie sich nicht anfassen lassen. Der Unnötigste ist der, dass Sie ihn so wollten und so beeinflusst haben.

**Früh übt sich**

Der Hundehalter sollte als Vermittler und Informant zwischen Hund und Kind auftreten. Kinder müssen lernen, sich bei unbekannten, bzw. bekannten unheimlichen Hunden möglichst neutral und unauffällig zu verhalten. Außerdem müssen sie positive Kontakte mit verlässlichen Hunden haben, um Ängste zu verlieren.

Auch als Hundehalter beobachten sie bestimmt manchmal andere Hundehalter, die sich rücksichtslos verhalten. Dann ist Solidarität unter den Hundehaltern fehl am Platze. Letztlich tun wir es uns zuliebe, wenn wir dann aktiv werden, denn jeder rücksichtslose Hundehalter trägt mit seinem Hund dazu bei, dass die Ablehnung gegenüber Hunden wächst.

Vor kurzem habe ich das Folgende erlebt: Am kleinen See im großstädtischen Naherholungsgebiet hatte ein halbwüchsiger Schwan Rast gemacht, der offenbar ein verletztes Bein hatte. Die Hundehalter informierten sich untereinander und nahmen ihre Hunde rechtzeitig an die Leine, an die sie von Rechts wegen dort sowieso gehören. Nur ein älteres Paar mit seinem großen schwarzen Mischling ignorierte die Hinweise und der lebhafte Hunde raste zu dem Schwan hin, der sich flügelschlagend ins Wasser rettete. Ich rief: *„Das finde ich aber gar nicht gut!"*

Die Leute kamen heran und der Mann pöbelte mich an: *„Kümmern Sie sich doch um ihren eigenen Scheiß! Machen Sie sich doch nicht lächerlich!"*

Zum Glück bekam ich Unterstützung von anderen Spaziergängern.

Wir können leider nicht erwarten, dass andere Hundehalter sofort einsichtig reagieren, wenn wir ihr Verhalten kritisieren. Ich habe aber die Erfahrung gemacht, dass man manchmal auf positive ‚Spätfolgen' hoffen kann.

---

**Zivilcourage ist nötig**

Solidarität ist nur dann angemessen, wenn die Gesinnung übereinstimmt. Manche Hundehalter können uns in ihrer Einstellung zur Umwelt sehr fremd sein und manche Hundelosen sehr nah.

Wir sollten uns für das stark machen, was uns wichtig ist. Wenn es sein muss, auch gegen andere Hundehalter.

# Geschäftliche Probleme in der Öffentlichkeit

Hunde haben ein natürliches Verhältnis zu ihren Ausscheidungen: Ihnen ist weder ihr eigener Kot noch ihr Urin eklig, und die Produkte ihrer Artgenossen finden sie ausgesprochen ‚dufte'.

Wir können also von unserem Hund wirklich nicht erwarten, dass er sich in einen stillen Winkel verzieht, um dort seinen hündischen Bedürfnissen nachzukommen! Der normale Hund will mit seinen Ausscheidungen möglichst deutliche Spuren hinterlassen, sozusagen Nachrichten für seine Mithunde. Und er platziert sie möglichst so, dass sie von vielen anderen Hunden gerochen – gelesen - werden. Deshalb setzen viele erwachsene Hunde ihre Haufen vorzugsweise auf erhöhte Stellen wie Mauersimse, Maulwurfshügel, Grasbüschel u.ä.

Das Gute für uns Menschen ist, dass Hunde also, wenn sie die Wahl haben, mit einiger Wahrscheinlichkeit ihr wertvolles Produkt nicht einfach mitten auf dem Gehweg deponieren. Aber es gibt leider genug Artgenossen, die ihre ‚Tretminen' auch ohne Notlage auf dem Gehweg hinterlassen. Und leider gibt es auch genug rücksichtslose Hundebesitzer, die ihren Hund so selten nach draußen lassen, dass der dann nicht mehr lange nach einem geeigneten Platz suchen kann, weil er schrecklich nötig muss.

Junge Hunde überkommt der Drang, ähnlich wie kleine Kinder, sehr plötzlich, und sie hocken sich dann meist ohne Voranzeige dorthin, wo sie gerade sind.

Den zweiten Teil ihrer Geschäfte nehmen Hunde noch wichtiger: Am Duft des Urins erkennt der Rüde die Hündin ebenso wie den Rivalen. Er erfährt, dass der Nachbarshund vor ihm den Weg entlanggegangen ist oder dass ein fremder Hund Zeichen gesetzt hat. Mit einsetzender Geschlechtsreife beginnt der jugendliche Rüde zu üben, das Bein zu heben, damit er seine Duftmarken an exponierten Stellen möglichst hoch anbringen kann. Dabei geht der erfahrene Rüde äußerst sparsam mit dem Stoff um, aus dem seine Nachrichten sind. Er möchte schließlich nicht am Ende seines Weges ‚ohne' dastehen. Das wäre besonders ärgerlich, wenn er gerade dann noch auf einen interessanten Mithund oder gar eine heiße Hündin oder deren Duftnachrichten treffen würde und antworten und auf sich  aufmerksam machen möchte. Natürlich ist diese gute Einteilung zumindest zum Teil Instinktverhalten. Ein routinierter Rüde kommt während eines ca. halbstündigen Spaziergangs auf ca. 30 bis 50 Mal Beinheben. In aufregenden, weil unbekannten Gebieten und im Wohnbereich einer läufigen Hündin kann er noch viel öfter.

Er kann sich allerdings auch dazu entschließen, sich gleich am ersten Baum ‚auslaufen' zu lassen, wenn er z.B. keine Lust mehr zum Abendspaziergang hat. Leider haben aber nicht alle Rüden diese Einsicht, deshalb heißt es für viele Rüdenbesitzer auch abends eine Runde drehen ...

Wenn ein Rüde in die Wohnung einer Hündin zu Besuch kommt, kann er seine Menschenfamilie ganz schön in Verlegenheit bringen, wenn er plötzlich an einem Sessel, am Store oder einem anderen geeigneten Objekt das Bein hebt und markiert, und das, obwohl er sonst zuverlässig stubenrein ist. Er möchte sich ganz einfach der Hündin vorstellen, sich ins beste Licht rücken, und dafür erscheint ihm sein Duft besonders geeignet. Damit wirbt er für sich und macht gleichzeitig Ansprüche geltend.

Noch schlimmer wird die Pinkelei, wenn zwei Rüden eine Hündin besuchen ... Manchmal reicht schon der Windelduft eines kleinen Kindes aus, um den Rüden in einem fremden Haushalt markieren zu lassen.

---

**So ist Markieren akzeptabel**

Die ‚betriebseigenen Düfte' der Hunde sind für sie am allerwichtigsten. Sie sind ein wesentlicher Bestandteil ihrer Kommunikation innerhalb der eigenen Art. Die körpereigenen Düfte ihrer Sozialpartner, der Menschen, sind für Hunde ebenfalls sehr wichtig. Unsere Aufgabe ist es darauf zu achten, dass Hunde ihre Infos nur an geeigneten Stellen hinterlassen.

---

Hündinnen sind in dieser Beziehung unproblematisch. Sie behalten das Verhalten bei, das alle Hunde als Welpen zeigen: Sie kauern sich hin und lassen sich leer laufen. Manchmal gewöhnen sich ältere Hündinnen allerdings das Markieren an und klettern dann oft sogar mit ihren Hinterbeinen ein Stückchen an Bäumen, Mauern u.ä. hoch. Ob sie gemerkt haben, dass die Mitglieder ihres Menschenrudels bei der Erledigung dieser doch so wichtigen Aufgabe völlig versagen? Aber keine Angst, Hunde akzeptieren uns in unserer Andersartigkeit. Die Pipi-Abstinenz ihrer Menschen auf Spaziergängen lässt deren Chefsessel nicht wackeln.

Während der Läufigkeit setzt eine Hündin ihren lockstoffreichen Urin in kleinen Portionen an strategisch wichtigen Punkten ab. Ihr Streben geht dahin, die Rüden zu informieren und anzulocken, was ihr auch – zum Leidwesen der Rüdenbesitzer – selbst über große Entfernungen bestens gelingt, trotz der Konkurrenz so vieler anderer intensiver Düfte.

# Probleme haufenweise

Soweit die natürlichen Bedürfnisse und Fähigkeiten unserer Hunde. Sie passen schlecht zu unseren Bedürfnissen: Wir treten nicht gern in weiche, stinkende Haufen und finden es äußerst widerlich, wenn wir unbemerkt unter unseren Schuhen, an Kinderwagen- oder Rollstuhlrädern diese ,Naturprodukte' auf unsere Teppiche befördern, wo wir sie spätestens durch ihren penetranten Gestank entdecken. Selbst der fanatischste Hundenarr ist angeekelt, wenn er nichtsahnend im Auto sitzt und mit der zirkulierenden Frisch- oder Warmluft auch die Information in seine Nase gelangt, dass unter seinem Schuh auf dem Gaspedal …

Genug der Anschaulichkeit. In Bezug auf dieses anrüchige Problem sind alle Hundehalter gefordert. Und es nützt leider sehr wenig, dass in der Theorie fast alle Hundehalter vorbildlich sind: Erstens tut ihr Hund so etwas - natürlich - nicht an den falschen Stellen, zweitens würden sie sich sonst selbstverständlich sofort um die Entsorgung kümmern.

Eigenartig und ärgerlich nur, dass durch diese Versicherungen die Straßen und Parks nicht sauberer werden! Die Praxis sieht leider so aus: Herrchen und Frauchen bekommen ihr ahnungslos-unschuldiges ,Ich-weiß-von-nichts-Gesicht' und gucken weg, während ihr Liebling eifrig drückt. Eventuell sehen sie noch einmal hastig um sich, ob womöglich ein unliebsamer Augenzeuge in der Nähe ist. Fühlen sie sich beobachtet, fangen sie an, in Jacken- oder Hosentaschen zu suchen, um so zu signalisieren, dass sie den Haufen gleich eintüten werden. Geht der Beobachter beruhigt weiter, weil ja alles auf Entsorgung hindeutet, stellt der Hundehalter umgehend seine Tütensuche ein. Es gibt sogar ganz Schlitzohrige, die stülpen sich die Kottüte über die Hand, greifen in Richtung Haufen und tun so, als ob sie ihn eintüten würden. In Wirklichkeit ist alles Bluff. Die Tüte bleibt leer, wird noch ein paar Meter wie eine volle getragen und dann wieder in die Jackentasche gesteckt.

Fühlen sich einige Halter unbeobachtet, gehen sie, sobald ihr Hund fertig ist, weiter als sei nichts gewesen. Sehr zugute kommt ihnen bei dieser Strategie des Übersehens, dass Hunde bei der Erledigung ihrer Geschäfte sehr schnell sind. In wenigen Sekunden ist alles erledigt. Die Auswahl des geeigneten Platzes dauert allerdings länger, ist aber von Hundeunerfahrenen nicht als solche zu erkennen.

Mal ehrlich, es kostet auch den Gutwilligen große Überwindung, das, was man verniedlichend Würstchen, Häufi, Dutt oder sonst wie nennt, und was beim derzeitigen Trend zu großen Hunden meist ein ganz ausgewachsener Stinkehaufen ist, zu entsorgen. Wir sind das ja auch überhaupt nicht mehr gewöhnt.

Unsere Klos sind so dezent, dass wir unsere eigenen Stoffwechselprodukte kaum noch zu Gesicht bekommen. Zudem walten in den anrüchigen Zonen unserer Behausungen starke Duftkiller.

Für den Hundehalter gilt es, auch wenn's schwer fällt, Ekelanwandlungen zu überwinden. Am besten übt man solche ‚peinlichen' Handgriffe, wenn keiner zuguckt. Aber gerade dann ist zugegebenermaßen die Versuchung, sich aus dem Staub zu machen, fast unwiderstehlich groß! Aber nur, was man ohne Schaulustige geübt hat, kann man in der belebten Fußgängerzone souverän handhaben.

Das kleinste Problem bei der Entsorgung sind die Hilfsmittel. Angeboten werden für diesen Zweck aufwendige Kombinationen aus Einwegpappschaufeln (oder einem ähnlich gearteten Aufnahmegerät) und einer Plastiktüte, Kotgreifer am langen Stiel. Selbst eine Art Golfschläger zum Wegkicken ist im Handel ...

Eine ganz normale und entsprechend billige Plastiktüte tut es auch. Wo der Gefrierbrand nicht rein kann, kommt auch so schnell nichts raus. Blickdichte Kottüten werden inzwischen von den meisten Gemeinden kostenlos zur Verfügung gestellt.

Eine Hand in die Tüte, Objekt greifen, Tüte mit der anderen Hand darüber stülpen und die Tüte verknoten – so einfach ist das! Obwohl man es bei dem Gefühl von Wärme und Weichheit und dem intensiven Geruch kaum für möglich hält: die Hände bleiben sauber. Allerdings hat man nun diesen Beutel am Hals, auch wenn man ihn nur in der Hand hält. Inzwischen ist es zumindest in Teilen Deutschlands erlaubt, ihn in öffentliche Abfallbehälter zu werfen. Manche Städte haben in Parks sogar Spezialbehälter aufgestellt.

In normalen Wohngebieten muss man wohl oder übel das Bündel für den Rest des Spaziergangs mitnehmen. Riskant – weil bei Anliegern sehr unbeliebt – ist es, die volle Tüte still und heimlich in die nächste private Mülltonne zu stecken, und wenn man dabei ertappt wird, dreist zu sagen: *„Seien Sie froh, dass ich den Scheiß nicht vor Ihrem Grundstück liegenlasse!"*

Gegen die Eintütung in Plastik spricht zwar, dass diese Tüten in der Herstellung und im Müll eine Umweltbelastung darstellen, während sich Hundekot mit Hilfe von Bakterien und sonstigem Kleingetier mehr oder weniger schnell unschädlich auflöst. (Im Winter und bei Trockenheit leider weniger schnell!) Aber solange wir die Mehrzahl unserer Lebensmittel in aufwendiger Verpackung kaufen, sollten wir nicht gerade hier Umweltbewusstsein vorschieben, um uns auf diese Weise vor einer unangenehmen Tätigkeit zu drücken!

Der Hundekot ist an vielen Stellen ein Haufen berechtigten Anstoßes, deshalb sind wir Hundehalter hier gefordert. Auch das Argument der Hundehalter, dass sie ja schließlich Steuern zahlen, für die gefälligst auch etwas getan werden sollte, entbindet sie nicht von ihrer Verantwortung und schützt sie nicht vor Strafe. Ordnungsdienste versuchen in den Städten, die Halter, die ihre Hunde einfach machen lassen, zu erwischen und erheben Bußgelder. Hundehalter sollen sich in bewohnten daher Gebieten angewöhnen, den Kot ihrer Hunde grundsätzlich mitzunehmen.

Gewöhnen Sie Ihrem Hund möglichst von klein auf an unproblematische Plätze für sein großes Geschäft an, z.B. an Wildwuchs-Straßenrändern, unter Büschen u.ä. Suchen Sie diese Plätze in Ihrer Nähe, damit Sie Ihre guten Vorsätze auch täglich verwirklichen können. Bringen Sie Ihrem Hund ein Wort für sein großes Geschäft bei, sei das nun Häufi, Würstchen oder Wutzi. Dann können Sie nämlich mit ihm über diese Dinge sprechen. Meine Hunde haben immer bereitwillig probiert, was ‚sich machen lässt', wenn ich sie ermuntert habe: *„Mach ein Wutzi, Basko, hier ist´s fein!"* Natürlich müssen Sie Ihren Hund hinterher loben.

Unserem sensiblen Eurasier vergeht allerdings sehr leicht sein Bedürfnis für den ganzen restlichen Spaziergang, wenn ich merke, dass er an unpassender Stelle Vorbereitungen trifft, und ihn dann informiere: *„Basko, nein, hier kein Wutzi!"*

Hunde tun sehr viel, um es ihren Menschen recht zu machen! Sorgen Sie also dafür, dass Ihr Hund sich an geeigneter Stelle gelöst hat, bevor Sie ihn mit in Fußgängerzonen oder ähnliche Problemgebiete nehmen.

Orientieren Sie sich in Fußgängerzonen und ähnlichen Gebieten, wo es ein geeignetes Plätzchen gibt, an dem er in Ruhe drücken kann bevor der ,Ernstfall' eintritt, ihr Hund also dringend mal muss. Wenn Sie als aufmerksamer Hundebesitzer dann merken, dass Ihr Hund Vorbereitungen trifft, dort zu wollen, wo er nicht soll (schnüffelnd sucht, einen größeren Popo bekommt und vielleicht sogar anfängt, sich krumm zu machen), informieren Sie ihn: *„Nein, hier kein Wutzi! Komm schnell!"*

Und wenn es Ihre Kondition zulässt, laufen Sie mit ihm schnell zum ausgekundschafteten Platz. Beim Rennen vergeht dem gestörten Hund meist zumindest für kurze Zeit das dringende Bedürfnis. Vielleicht ist er auch für längere Zeit verunsichert und macht trotz Aufforderung *„Hier ist's fein, mach ein Wutzi!"* gar nichts mehr. Wenn er auf diese Art so nebenbei lernt, sich in bestimmten Gebieten zurückzuhalten, ist das durchaus ein erwünschter Nebeneffekt. Er muss aber natürlich ausreichend Gelegenheit bekommen, woanders in Ruhe zu dürfen, und zwar bevor er für längere Zeit mit in ‚Tabuzonen‘ geht.

Wenn Sie gute Nerven haben und Ihr Hund ein sensibles Kerlchen ist, das Sie nicht unterbrechen wollen, dann lassen Sie ihn lieber drücken, auch mitten im dichtesten Fußgängergewühl. Dabei sollten Sie schon demonstrativ Ihre ‚Entsorgungsutensilien‘ hervorholen, sonst ergießen sich die Unmutsäußerungen, wenn nicht gar Beschimpfungen schon über Sie, bevor Ihr Hund fertig ist. In solcher Situation können Sie nur hoffen, dass Ihr Hund ein griffiges, handliches Produkt liefert.

Sollte er aber nur deshalb alle Erziehung vergessen haben, weil ihn unhaltsamer ‚Dünnpfiff‘ plagt, dann funktionieren alle Hilfsmittel nur sehr unvollkommen, und wenn das Produkt dann auch noch Bernhardiner-Format hat ...

Unsere Boston-Terrier-Hündin Mini ereilte es einmal auf dem Jungfernstieg, Hamburgs vornehmster Einkaufsstraße. Hektisch strebte sie in den marmorgefliesten Eingangsbereich eines Nobeljuweliergeschäftes in der durchaus löblichen Absicht, vom Bürgersteig wegzukommen, nur fanden sich am Rand desselben leider keine Büsche und Erdflächen und so passierte es denn: Ehe wir reagieren konnten, verteilte sich das pechschwarze, stinkende Zeug schon großflächig auf dem glänzenden Marmor.

Ich Feigling habe damals einfach meinem Mann die Leine in die Hand gedrückt und bin ausgerissen, und er hat sich wenig später unauffällig entfernt. Wir beide wussten natürlich ganz genau, dass wir uns falsch verhielten, aber unsere Schamgefühle waren stärker als unser Gewissen. Es war wohl so etwas wie Fahrerflucht. Wir hätten natürlich den Juwelier über unser Missgeschick informieren und uns entschuldigen sollen. Sicher hätte er uns Material zum Beseitigen geben können. Na ja, zwischen dem guten Menschen, der man in der Theorie ist, und der Praxis gibt es gewisse Unterschiede. Dabei war unsere Mini ein kleiner Hund mit entsprechend kleinem Stoffwechselprodukt ...

Wir müssen uns immer wieder klarmachen, dass Hundekot nur noch an ganz wenigen Plätzen bedenkenlos lagern kann: Abseits der Wege im Wald, am Rand von Feldwegen, vielleicht im eigenen Garten, wenn man selbst, und vor allem der Hund, das akzeptiert.

Anrüchige Geschäfte in der Fußgängerzone...

**Diese Plätze sind kein Hundeklo**

1. Hecken am Rand von Fußwegen, unter die man alles schiebt:Nicht selten ist gleich dahinter eine Terrasse, auf der gerade jemand gemütlich Kaffee trinkt.

2. Rasenflächen in Parks: Sie dürfen zum Glück meistens von Menschen betreten werden und dienen an schönen Tagen als Liegeflächen. Außerdem mäht keiner gerne Kothaufen. Auch im Winter sollte man solche Rasenflächen nicht als Hundeklo benutzen, denn auch während des Winters gibt es schöne Tage, die zum Spielen oder Laufen auf der Wiese locken. Zudem ist Hundekot im Winter sehr haltbar, weil Schnecke, Fliege und Co während dieser Jahreszeit nicht bei der Entsorgung mithelfen, und auch Bakterien bei Kälte schlecht arbeiten.

3. Direkt am Kantstein: Ganz davon abgesehen, dass der Hund gefährlich nahe an vorbeifahrende Autos gerät, ‚treffen' Autofahrer, die am Kantstein parken und aussteigen, mit großer Wahrscheinlichkeit mitten hinein.

Alle Hundehalter müssen dringend davon wegkommen, die Stoffwechselprodukte ihrer Lieblinge nur mit einem gewissen Besitzerstolz zu betrachten und sich zu freuen, wenn sie wohlgeraten sind und auf ein intaktes Innenleben schließen lassen. Außenstehende haben diese Freudengefühle nicht, ganz im Gegenteil!

Hunde lieben Kinderspielplätze! Die einen, weil sie gern mit Kindern spielen, andere, weil sie im Sand die große Tobelust. packt, und leider wirkt bei vielen der Sand sehr stimulierend, dort ‚geschäftlich‘ tätig zu werden! Deshalb sollten Sie mit Ihrem Hund um Spielplätze einen großen Bogen machen oder ihn an die Leine nehmen. Das gilt insbesondere auch für den Abendspaziergang, wenn der Spielplatz leer und die Versuchung groß ist!

An Stränden haben wir dasselbe Problem, wenn wir unseren Hund überhaupt noch dorthin mitnehmen dürfen. Deshalb sollten selbst die, die das Ozonloch ignorieren und ‚ganz ohne‘ Sand, Sonne und Meer genießen, stets einige Tüten mit sich tragen. Das Salzwasser kann beim Hund durchschlagende Wirkung haben! Und das nicht nur einmal! Bitte schieben Sie nicht einfach Sand drüber ...

**Abb. 43: Im Sand machen sie´s alle gerne ... Auch im Spielplatzsand.**

Wenn Sie durch die haufenweisen Haufenprobleme schon sensibilisiert sind für den Hundedreck am Wegesrand und sonst wo, und Sie sich vielleicht erst demnächst einen Hund zulegen wollen, dann beachten Sie bei der Wahl der Rasse unbedingt auch, was ein ausgewachsener Vertreter dieser Rasse zu produzieren fähig ist.

So ganz nebenbei: Ähnliche Mengen kotzt er Ihnen auch auf den Teppich, wenn ihm mal hundeelend ist.

*Kein* guter Tipp ist ein Hundeklo in der Wohnung, vergleichbar mit dem Katzenklo. Eine gutwillige Kleinhündin mag das zwar lernen – wie gesagt, Hunde tun viel für ihre Menschen. Aber diese Dressur bleibt für einen einigermaßen natürlichen Hund mit intaktem Instinktverhalten eine Zumutung. Viele Hunde ‚verwarten‘ sowieso schon einen Großteil ihrer Zeit allein zu Hause. Ich fürchte, dass so mancher Halter diese Zeitspanne noch verlängert, wenn er nicht mehr befürchten muss, dass ihm sein Hund in die Wohnung macht, sondern davon ausgeht, dass der für solche Fälle sein Wohnungsklo benutzt.

Ohne die Erlaubnis, im Revier zu markieren, werden unsere Hunde noch ärmer an Aufgaben. Auch ein arbeitsloser Hund hat Probleme!

Die regelmäßige Wurmkur sollte selbstverständlich sein (ungefähr alle halbe Jahre, bzw. eine Kotuntersuchung im gleichen Rhythmus).

Übrigens wurde in einem Gerichtsurteil ein Hundehaufen ohne Wurmeier als weniger sträflich, weil ungefährlich, eingeschätzt als einer mit.

# Hoch das Bein

Machen Sie sich klar, dass Sie Ihrem Rüden dieses Vergnügen nicht ganz verbieten können. Andererseits dürfen Sie auch nicht darauf hoffen, dass sich der Gartenbesitzer über den Hundenachrichten-Sammelplatz an seinem Zaunpfeiler freut. Auch der Autobesitzer lässt sich nicht gerne die teuer bezahlten sportiven Radkappen bepinkeln, und empfindliches Grünzeug nimmt derart ätzende Güsse sichtlich übel. Geschäftsleute versuchen nicht selten mit allen möglichen, meist unwirksamen Sprays und Pülverchen die Rüden von ihrem lustvollen Tun an ihrer Schaufensterfront abzuhalten.

Es ist erstaunlich dass sich die Zeitungen dieses Problems noch gar nicht angenommen haben! Die kämen dann sicher auf den Gedanken, dass Rüden in städtischen Gebieten verboten werden müssten. Und wenn die bösen Buben erst weg wären, würden die Behausungen der Besitzer ‚heißer‘ Hündinnen auch nicht mehr belagert, und unerwünschter Nachwuchs könnte sich auch nicht mehr einstellen.

Übrigens, die meisten kastrierten Rüden heben weiterhin auf Männerart ihr Bein; nur Rüden, die schon als Kinder ihre Männlichkeit verloren haben, gewöhnen es sich gar nicht erst an …

---

**Der richtige Platz**

Hunde-Urin ist scharf und hinterlässt Spuren.

Rüdenhalter sollten ihren Hunden die lustvolle Nachrichtenpinkelei nur dort erlauben, wo sich die Belästigung der Mitmenschen in Grenzen hält.

Besitzer von Hündinnen sollten aufpassen, dass die sich nicht auf fremden, gepflegtem Zierrasen auslaufen lassen.

---

Die Rüdenbesitzer sollten deshalb besser schleunigst so viel Rücksicht auf ihre Mitmenschen nehmen, wie nur möglich, und ihre Rüden so beeinflussen (Erziehung, Leine, Auswahl der Wege), dass diese nur die Nachrichtenzentren benutzen, bei denen sich der Schaden in Grenzen hält, wie z.B. Straßenbäume, Verkehrsschilder, Hydranten, Laternenpfähle, Hecken, Büsche, Findlinge. Wichtig ist, dass Regen an die Pinkelstellen heran und der Urin wegsickern kann. (Also keine überdachten, gefliesten Eingangsbereiche!)

**Abb. 44: Sollte nicht zum Stein des Anstoßes werden.**

Aus dem Vorangegangenen wird deutlich, dass es eine Rücksichtslosigkeit ist, Rüden in Fußgängerzonen, in Geschäftsstraßen u.ä. frei herumrennen zu lassen. Sie markieren hemmungslos auch Gemüse- und Obststiegen vor Geschäften, ebenso die angebotene Kleidung an herausgestellten Ständern; sie benutzen Bänke und Fahrräder, und manche selbstsicheren machen auch vor Hosenbeinen oder gar Beinen fremder Passanten nicht halt. Gern pinkeln sie auch Rivalen an, aber das gehört in ein anderes Kapitel. Auch bei diesem Problembereich gilt: Sprechen Sie mit Ihrem Hund darüber! Nennen Sie die Dinge beim Namen! Wenn er weiß, was Sie wollen, wird er

Ihnen – allerdings gegen seine innere Überzeugung – entgegenkommen: „*Mach Pfützi (oder auch: Pipi, Hoch das Bein ...), hier ist's fein! – Gut hast du das gemacht, braver Hund.*" oder aber: „*Nein, hier kein Pfützi, warte!*"

Wählen Sie eine Hündin, wenn Sie diesen Schwierigkeiten aus dem Weg gehen wollen! Lassen Sie aber bitte auch hier nicht außer acht: Wenn eine Hündin sich hinkauert und auslaufen lässt, ist das eine scharfe, große Ladung. Jeder bessere Rasen reagiert darauf mit einem gelben, ‚verbrannten' Fleck in der Mitte und einem satt grünen Kranz frohwüchsigen Grases rundherum. So ein gelbes Fleckenmuster auf seinem Golfrasen freut keinen Nachbarn. Da hilft nur, den Rasen zu meiden oder sofort mit Gießkanne oder Schlauch nachgießen, um zu verdünnen.

Allerdings lockt Ihre Hündin zweimal im Jahr ca. drei Wochen lang die verliebten Rüden der Umgebung herbei, die dann voller Imponiergehabe um die Wette pinkeln! Freund Hund ist nun mal ein Lebewesen! Zum Leidwesen der Rüden hat heute kaum noch ein städtischer Hund freien Ausgang ohne seinen Menschen, Freigang mit seinem Menschen ist meist schon das größte Maß an Selbstständigkeit.

# Schlussgedanken

Unser Basko wohnt schon fünf Jahre lang mit uns in Hamburg. Er ist also ein Groß-stadthund, genauer gesagt: ein Großstadt-Randbezirk-Hund. Als Großstädter fährt er gern U-Bahn, geht gern zum Shopping und liegt unter Gaststättentischen. Er mag Stadtparks und Straßenbäume, er geht jeden Tag ca. zwei Stunden, meistens ohne Leine, spazieren und findet das toll.

Wir wagen uns also täglich mit unserem 23-kg-Teddy unter die Augen der Öffentlich-keit. Dabei begegnen wir sicher vielen Menschen, die gerade in der Zeitung mal wie-der eine Horrorgeschichte über Hunde gelesen haben oder vor kurzem über einen Hundehaufen geschimpft haben, und doch begegnen ihm die Menschen durchweg freundlich. Immer wieder sprechen ihn welche direkt an: „*Bist du ein Schöner!*" „*Siehst du lieb aus!*" „*Du bist aber ein ganz Braver!*" usw.

Unser ,guter Junge' kommt bei den Menschen an! Zum einen hat er sicher gute Kar-ten, weil er ein hübscher Kerl ist, zum anderen ist es günstig, dass er in seiner vorsichtigen, ruhigen Art Fremde nie bedrängt. Ich hoffe, dass auch unser ,umwelt-bewusstes' Verhalten dazu beiträgt, dass Basko keine Aggressionen auf sich, bzw. auf uns zieht. Allerdings macht es mir schon etwas Angst, dass kaum noch Kinder ihn streicheln wollen ...

Verständnis für die anderen, verbunden mit Rücksicht und dem Versuch, ins Gespräch zu kommen - dieser Weg scheint wesentlich zur Entspannung beizutragen. Allerdings sollten wir uns keinen Illusionen hingeben: Ganz ohne Konfrontation, Ärger und Kummer geht es leider bei der Hundehaltung nicht.

**Abb. 45:**

**Und dabei ist der Strand so groß! Hoffentlich machen sich solche Verbote nicht breit.**

**Abb. 46:**

**So integriert ins Familienleben bringt unser Hund die besten Voraussetzungen mit, ein verlässlicher, guter Freund zu sein.**

Die Angaben in diesem Buch erfolgen nach bestem Wissen und Gewissen.

Die Autorin übernimmt keinerlei Haftung für Personen-, Sach- oder Vermögens-schäden, die aus der Anwendung der vorgestellten Methoden und Materialien entstehen können.